U0500676

明室

Lucida

照亮阅读的人

教育何用

THE END OF EDUCATION

REDEFINING THE VALUE OF SCHOOL

重 估 教 育 的 价 值

NEIL POSTMAN ［美］尼尔·波兹曼 著　　章艳 译

北京联合出版公司
Beijing United Publishing Co.,Ltd.

图书在版编目（CIP）数据

教育何用：重估教育的价值 / (美) 尼尔·波兹曼著；章艳译 . -- 北京：北京联合出版公司，2024. 10.
ISBN 978-7-5596-7874-4

Ⅰ . G571.2

中国国家版本馆 CIP 数据核字第 20249Q3J80 号

北京市版权局著作权合同登记号 图字：01-2024-4491 号

教育何用：重估教育的价值

作　　者：［美］尼尔·波兹曼
译　　者：章　艳
出 品 人：赵红仕
策划机构：明　室
策划编辑：赵　磊
特约编辑：李佳晟
责任编辑：徐　鹏
装帧设计：曾艺豪 @ 大撇步

北京联合出版公司出版
（北京市西城区德外大街 83 号楼 9 层　100088）
北京联合天畅文化传播公司发行
北京市十月印刷有限公司印刷　新华书店经销
字数 139 千字　880 毫米 ×1230 毫米　1/32　8.25 印张
2024 年 10 月第 1 版　2024 年 10 月第 1 次印刷
ISBN 978-7-5596-7874-4
定价：59.80 元

献给阿莉萨和克莱尔

前 言

我上一本完全以教育为主题的书是 1979 年出版的。现在回过头来再次讨论这个主题，并不是因为我的缺席让教育界有什么损失，而是因为我自己有话想说，不吐不快。我的职业生涯是从当小学教师开始的，我无时无刻不在想：如果我们知道如何教育年轻人，很多令人感到烦恼和痛苦的社会问题就会迎刃而解。我想，由此你们可以得出结论，说我是一个浪漫主义者，而不是一个傻瓜。我知道教育（education）与学校教育（schooling）不是一回事，事实上，我们的教育没有多少是在学校中进行的。学校教育可能具有颠覆性，也可能具有保护性，但不管怎么样，这种活动肯定是受到限制的。学校教育要等到一定年龄才能开始，到一定年龄又不得不结束，而且其间还时不时因为暑假和节日不得不暂停。我们生病的时候学校会很仁慈地允许我们不去上学。年轻人感觉学校教育似乎没有尽头，但我们知道其实并非如此。真正没有尽头的是我们的教育，无论好坏，总之不让我们有片刻歇息。这就是为什么我们说贫穷是一个伟大的教育者，它无处不在，让人无法忽视，大多数情况下它教给人们什么是无望,但并非总是如此。政治也是一个伟大的教育者，大多数情况下它教给人们的恐怕是愤世嫉俗，但并非总是如此。电视同样是一个伟大的教育者，大多数情况下它教给人们的是消费主义，但并非总是如此。

正是这个“并非总是如此”让那些著书讨论学校教育的人还能保有一份浪漫主义者的情怀。他们的信念是，尽管文化本身教给人们的一些东西具有破坏性，但学校可以有所作为，改变人们看待世界的视角。也就是说，有意义的学校教育可以提供一个观察世界的视角，通过这个视角，人们可以看清当下，借鉴过往，对未来充满希望。

这意味着，在最理想的情况下，学校教育可以教人如何创造生活，这与教人如何谋生大不相同。要追求这样的事业并不容易，因为我们的政治家很少谈论它，我们的技术对它没有兴趣，我们的商业也对它不屑一顾。然而，这是最有分量也是最为重要的事情，值得我们好好写一写。

当然，并非所有人都这么想。在检索人们对学校教育的观点时，我注意到大部分的对话都是在讨论手段，很少讨论目的。我们的学校应该私有化吗？我们应该有全国性的评估标准吗？我们应该如何使用计算机？我们可以怎样利用电视？我们应该如何教授阅读？诸如此类。这些问题有的很有意思，有的则不然。但它们的共同点是，它们回避了学校为何存在这个问题。这种情况就好比我们的国家由技术人员组成，大家都醉心于钻研应该怎么做，却害怕或没有能力去思考为什么要这么做。

我写这本书，是希望能够稍稍改变一下对“学校问题”的定义——从手段转向目的。“end”这个词至少有两个重要的含义：一是“目的”，二是“终结”。哪一个含义都可能适用于学校的未来，这取决于人们是否会严肃地讨论这个问题。我给本书起了这样一个模棱两可的标题[1]，意思是说，如果没有一个超验的高尚目标，学校教育必然会走向终结，而且越早终结越好。反之，如果有了高尚的目标，学校就会成为教育的核心机构，年轻人可以通过它找到继续自我教育的各种理由。

---

1 本书原著的书名是 *The End of Education*，“end”一词一语双关，同时指“目的”和“终结”。在中文中这个双关语无法保留，故改译成“教育何用”，如果用客观的语气可指“教育的用途”，如果用批评的语气则是质疑“教育还有何用”。——译者注

目 录

第一部分

第一章　神灵存在的必要性

在思考如何对我们的年轻人进行学校教育时，成年人需要解决两个问题。一个是具体的工程问题；另一个是抽象的形而上学问题。这个工程问题和所有这类问题一样，本质上是个技术问题。这是关于**手段**的问题，通过这个手段年轻人将获得学问。它设法解决的是何时何地学习的问题，当然，也会涉及学习应该如何进行。这并不是个简单的问题，任何自认为有价值的有关学校教育的书籍都必须提供一些解决方案。

但重要的是，我们要记住，学习工程性的一面往往被夸大了，被赋予了名不副实的重要性。老话说得好，一样东西百样做，而这一百样的方法都是正确的。学习也是如此。没有人可以说这个方法或那个方法是认识事物、感受事物、观察事物、记忆事物、运用事物、联系事物的最佳方法，而其他方法都不及它。事实上，这么说是低估了学习，让它沦为机械化的技能。

当然，有许多学习过程确实只是机械化的技能，在这种情况下，很可能存在某种最佳方法。但是，如果你要通过自己学到的东西使自身脱胎换骨——获得顿悟，改变观念，拓展视野，从而改变你的世界——那可就是另外一回事了。要做到这一点，你需要一个理由，那就是我所说的形而上学问题。

我在这里用的词是“理由”，这和“动机”不同。在学校教育的语境下，动机指的是一种暂时的心理事件，一旦有了动机，人就会产生好奇心并且能够集中注意力。我无意贬低动机的重要性，但我们不能把它与一个人即使在没有动机的情况下仍然能做某些事情——例如坐在教室里、听老师的话、参加考试、做家庭作业、忍受学校里不喜欢的东西——的理由混为一谈。

这种理由有点抽象，并不是一直存在于人的意识中，很难描述。然而，尽管如此，如果没有理由，学校教育就无法发挥作用。为了使学校有意义，年轻人、他们的父母和老师必须有一个可以侍奉的神灵，或者，最好有几个可以侍奉的神灵。如果他们找不到这样的神灵，学校就毫无意义。尼采有句著名的箴言正好可以用在这里：“一个人唯有找到生存的理由，才能忍受任何生活境遇。”

这句话适用于生活，也同样适用于学习。

简而言之，若想让学校教育终结，最有效的方法就是让它失去目的。

所谓要侍奉的神灵，我指的不一定是上帝。人们认为是他创造了世界，而他在圣典中提出的道德禁令赋予了无数人生活的理由，更重要的是，赋予了他们学习的理由。在西方世界，从13世纪开始，在其后的五百年里，上帝足以成为建立学习机构的理由，其中有教导儿童学习阅读《圣经》的文法学校、有培养牧师的重要高等学府。即使在今天，对西方的一些学校以及伊斯兰世界的大多数学校来说，它们的首要目的仍然是侍奉上帝或真主，赞美他的荣光。但凡是这种情况，学校不会出现棘手的问题，当然也就不存在危机。也许人们会争论哪些科目能最有效地促进虔诚、服从和信仰，也许会有学生对教义心存疑虑，甚至会有老师压根儿不信教。但对这类学校来说，最关键的是它们有一种超验的精神理念，赋予学习以明确的目的。即使是怀疑论者和不信教的人也知道他们为什么要在那里，应该学习什么，又为什么会抗拒学习。有些人还知道自己为什么应该离开。

几年前，我与伊利诺伊州埃尔萨的普林西皮亚学院（Principia College）一位很受欢迎的杰出哲学教授进行过一次令人感到难过的谈话。普林西皮亚学院曾经是，而且据我所知，现在仍然是基督教科学派教会唯一的一所高等院校。他告诉我，在普林西皮亚学院的那几年是他记忆中最快乐的时光，但他现在选择了一所非宗教大学工作，因为他不再相信基督教科学派的信条。其实他在那里上课的内容并不包括对那些信条的讨论，更没有专门讲授它们。除了他自己之外，没有人知道他的不满。但他不再相信那个机构的宗旨，每一门课程，无论其内容如何，都充斥着某种他无法接受的叙事的精神，所以他选择了离开。我一直希望这位失意的教授最终能找到另一个可以侍奉的神灵，另一种可以赋予他的教学以意义的叙事。

带着几分疑惑，但更多的是抱着信念，我把“叙事”这个词用作“神灵”的同义词，不过这个神灵（god）不是那个至高无上的上帝（God）。我知道这样做是有风险的，不仅是因为“神灵”这个词有神圣的光环，不能随便用，而且还因为它让人想到一个固定的人物或形象。但是，这类人物或形象的宗旨应该是将人们的思想引向一个观念，并且在我看来更应该是引向一个故事——这可不是随便什么故事，而是一个讲述起源、展望未来的故事，一个构建理想、确立行为准则、提供权威来源的故事，最重要的是，这个故事要给人以延续性和目的感。我使用的“神灵”这个词指的是一个伟大的叙事。这个叙事具有足够的可信度、复杂性和象征力量，使人能够围绕它安排自己的生活。我使用的这个词类似于阿瑟·库斯勒在《失败的神灵》[1]中所表达的意义。他的意图是想表明，共产主义并不仅仅是政府或社会生活中的一个实验，更不是一种经济理论，而是一个全面的叙事，讲述这个世界是什么样子，是如何变成这样的，以及未来会发生什么。他还希望表明，尽管共产主义蔑视传统宗教的"非理性"叙事，但它自己也依赖于信仰和教条。

我举这个例子，并不是说诸神**一定**会失败——远非如此，尽管确实有很多神灵会失败。我自己生活的时代里出现过几个灾难性的叙事，如法西斯主义和纳粹主义。这几个神灵都承诺会有天堂，最终却只通向地狱。如果你继续阅读后面的章节就会看到，还有一些其他的神灵，它们俘获了人们的精神和思想，但我相信，这还不足以为人们的生活或学习提供深刻的理由。如果你继续往下读就会发现，我相信，有一些叙事可以促进生活和学习，但前提是我们必须给予它们足够的关注。这些是为我们**服务**的神灵，也是我们要**侍奉**的神灵。

尽管如此，我在这里的意图既不是要埋葬哪个神灵，也不是要赞美哪个神灵，而是要说，我们不能没有它们，

---

1 《失败的神灵》(*The God That Failed*)是冷战时期的重要文献，汇集了20世纪六位重要作家的文章。阿瑟·库斯勒(Arthur Koestler，1905—1983)是其中的一位匈牙利作家。——译者注

无论我们如何称呼自己，我们都是神灵创造出来的作品。我们的才华在于我们有能力通过创造叙事来创造意义，这些叙事让我们的劳动获得了意义，歌颂我们的历史，阐释当下，并为我们的未来指明方向。为了完成这个任务，这些叙事不一定具有科学意义上的“真实”。在许多不朽的叙事中，有些细节与可观察到的事实并不相符。叙事的目的是赋予世界意义，而不是科学地描述它。衡量一个叙事真伪的标准在于其产生的后果：它是否能为人们提供个人身份的认同感和在社会生活中的归属感？是否能为人们的道德行为提供依据，对不可知的事物进行解释？

你会认识到，这种讲故事的形式有很多不同的名字。约瑟夫·坎贝尔[1]和罗洛·梅[2]将其称为“神话”。弗洛伊德比任何人都更了解这些故事的创造性来源和心理需求，尽管如此，他还是把它们称为“幻象”（illusions）。人们也许甚至可以说，马克思在使用“意识形态”（ideology）这个词时，也有和弗洛伊德相同的想法，这么说不算牵强。

1　约瑟夫·坎贝尔（Joseph Campbell，1904—1987），研究比较神话学的美国作家。主要著作有《千面英雄》《神话的力量》等。——译者注

2　罗洛·梅（Rollo May，1909—1994），美国存在心理学之父，也是人本主义心理学的杰出代表。20世纪中叶，他把欧洲的存在主义哲学和心理学思想介绍到美国，开创了美国的存在分析学和存在主义心理治疗。——译者注

但是，我并不是要从学术角度来区分这些术语的微妙差别。关键是，无论怎么称呼它们，我们都在通过叙事的方式不断地为自己创造历史和未来。没有叙事，生活就没有意义；没有意义，学习就没有目的；没有目的，学校就是关押人的地方，而不是关注人的地方。我的这本书讨论的就是这些内容。

当然，最全面的叙事还是存在于《旧约》《新约》《古兰经》《薄伽梵歌》这些文本中。但从16世纪开始，至少是在西方，开始出现了不同种类的叙事，其力量足以替代诸神。其中最持久的是被称为"归纳科学"（inductive science）的伟大叙事。关于这个神灵，值得注意的是，它的第一批叙事者——例如笛卡尔、培根、伽利略、开普勒和牛顿，并没有认为他们的故事取代了伟大的犹太教-基督教叙事，而是将其作为这个叙事的拓展。事实上，人们已经不止一次地指出，伟大的科学时代是建立在对上帝的信仰之上的，而上帝本人就是一位科学家和技师，因此，他会赞许一种致力于这种事业的文明。"据我们所知，"埃里克·霍弗[1]写道，"其他文明虽然拥有杰出的聪明才智和技能，却没有发展出一个机器时代，

1 埃里克·霍弗（Eric Hoffer，1898—1983），美国作家，他的第一本著作《狂热分子》（1951）被视为经典。他的许多观念都是在码头工作中形成的，因此也被称为"码头工人哲学家"。——译者注

原因之一是缺少一个他们可以轻而易举将其变成全能工程师的上帝。万能的耶和华一开始就已经完成的丰功伟绩不就是我们今天的机器时代立志要完成的事情吗？"[1]伽利略、开普勒和牛顿很有可能会同意把上帝想象成一个伟大的钟表匠和数学家，他们就是这么想的。不管怎么说，从科学时代一开始，其创造者就信仰耶和华的伟大叙事，这一点是毫无疑问的。如果他们知道史蒂芬·霍金说超级对撞机（现已被放弃）带来的研究将使人们了解上帝的思想，他们会很高兴。他们与霍金的区别在于：霍金作为一个公开的无神论者，并不相信上帝所说的话。对他来说，有关耶和华奇迹的故事只是一个死隐喻（dead metaphor），也许是个傻子说的故事，毫无意义。显然，对霍金而言，伟大的科学故事本身就足够了，其他许多人也有同样的看法。这样的故事崇尚人类的理性，将批判置于信仰之上，不屑于将上帝的启示作为知识来源。而且，为了赋予它灵性色彩，在这样的故事里会假设（就像雅各布·布罗诺夫斯基[2]所做的那样）我们在地球上生存的目的是去发现可靠的知识。当然，伟大的科学叙事与伟

1 Eric Hoffer，*The Ordeal of Change*，Harper & Row，第 62 页。

2 雅各布·布罗诺夫斯基（Jacob Bronowski，1908—1974），英国数学家、科学史学家、诗人和发明家，1973 年 BBC 电视纪录片系列《人类的攀升》（*The Ascent of Man*）的制作者和主持人。——译者注

大的宗教叙事一样，认为宇宙是有秩序的，这是所有重要叙事的一个基本假设。

事实上，科学对“上帝的头脑”这个概念甚至有它自己的某种表达方式。正如伯特兰·罗素曾经说过的那样，如果上帝存在，它就一定是个微分方程。开普勒可能会比其他人更喜欢这种思考问题的方式；也许，这就是史蒂芬·霍金想表达的意思。在任何情况下，科学之神的最大优势当然就是它能奏效——比祈求更奏效，甚至超出了弗朗西斯·培根的想象。它的理论可以得到证明，可以不断累积；它的错误可以被纠正；它的结果具有实用性。科学之神将人们送上月球,为人们接种疫苗预防疾病，让图像穿越广阔的空间来到我们的客厅，让我们足不出户就可以看到大千世界。它是一个法力无边的神灵，像那些更为古老的神灵一样，让人们对自己的生活有一定程度的控制,这也是神灵被发明出来的原因之一。有人说，科学之神给予人们的控制力和权力比以往的任何神灵都更多。

然而，像所有的神灵一样，科学之神是不完美的。它关于人类的起源和结局的故事至少可以说是不尽人意的。如果有人问“这一切是如何开始的？”，科学的回答是“可能是个意外”。如果再问“这一切将如何结束？”，科学的回答是“可能会因为一场意外”。然而，对许多人来说,充满意外的生活不值得一过。此外,如果有人问“你能给我们什么道德指导?”,科学之神嘴巴紧闭,一言不发。它既为仁慈者服务,也为残酷者服务,它在道德上的这种不偏不倚,甚至可以说是漠不关心,为它赢得了全世界的芳心。更准确地说,真正大受欢迎的是它的后代。因为就像另一个神灵,那个产生了圣子和圣灵的上帝一样,科学之神也产生了另一个神灵——伟大的技术叙事。这是一个无比奇妙、充满活力的故事,它比它的父亲更清晰地为我们提供了天堂的愿景。科学之神向我们讲述知识和力量,而技术之神只讲述力量。它推翻了基督教上帝关于天堂只是身后奖赏的断言,在此时此地为每个人带来便利、效率和繁荣。它的恩惠普及众人,无论你是富人还是穷人,这一点和基督教的上帝一样。但它走得更远。因为它不仅仅是给穷人带来安慰,它还承诺,只要效忠于它,穷人就会变得富有。毋庸置疑,它取得的成就令人敬畏,部分原因是因为它是一个严苛的神灵,而且严格奉行一神论。它的第一条戒律无人不晓:“除了我以外,你不可有别的神。”这意味着,它的追随者必须根据技术的可能性来确定自己的需求和愿望。任何其他的神灵都不能阻碍、减缓、挫败技术的统治权,更不要说反对它的统治权。为什么这是必须的呢?第二条和第三条戒律对此解释得非常清楚。第二条戒律说:“我们是技术物种，我们的才华就体现于此。”第三条戒律说：“我们的命运就是用机器取代我们自己，这意味着，技术的创造力就等于人类的进步。”

那些对这些戒律持怀疑态度的人，那些可能对技术之神表示不敬的人，统统被斥为反动的背叛者，特别是在他们谈论其他神灵的时候。马克斯・弗里施[1]是离经叛道者中的一个，他说：“技术的本事就是把我们和世界隔开，让我们无法直接体验世界。”[2]他和其他这样的异端遭人唾弃，并在有生之年都背负着“卢德分子”[3]的恶名。还有一些人，如奥尔德斯·赫胥黎[4]，则相信伟大的技术之神可以被驯服得足够温顺，这样它对人的要求就不会太过苛刻。他曾经说过，如果他可以重写《美丽新世界》，“……他将加入一个理智的选择，加入另一种社会，在这个社会里，‘人们利用科学和技术，就像利用安息日一样，它们是为了满足人的需要而设置的，而不是（像现在这样，在《美

---

1 马克斯·弗里施（Max Frisch，1911—1991），瑞士小说家、剧作家，“二战”后德语文学的代表人物。——译者注

2 转引自 Rollo May，*The Cry for Myth*，Norton，第 57 页。

3 “卢德派”是 19 世纪英国纺织工人组成的一个激进组织，他们不希望机器代替人力，因此把捣毁机器作为反对工厂主压迫的手段。现在，“卢德分子”在广义上指那些反对和仇视一切新科技、新事物（包括工业化、数字化、自动化）的人。——译者注

4 奥尔德斯·赫胥黎（Aldous Huxley，1894—1963），英国作家，出版于 1932 年的《美丽新世界》是其最著名的作品。——译者注

丽新世界》中更是如此）让人为它们改变，成为它们的奴隶'"[1]。

尽管我说的话和我的语气都表明我与弗里施和赫胥黎一样，都相信技术之神是假的（我当然是这么认为的），但我会把这一点留到后面再讨论。这里，我要强调的是，所有的神灵都是不完美的，甚至是危险的。一个过于执着的信念，比如不能容忍其他神灵可能存在，可能会变成变态的狂热。耶稣说的"安息日是为人设立的，人不是为安息日设立的"就是这个意思（赫胥黎也提到了这一点）。我们可以在这里回顾一下尼尔斯·玻尔[2]的一句话，这句话和我们的讨论相关。他说："与正确的说法相反的是错误的说法，但与一个深刻的真理相反的是另一个深刻的真理。"[3]就像其他智者一样，他是想告诉我们，一个人最好能接触到不止一个深刻的真理。如果能够在脑海中自如地拥有两个相互矛盾的真理，那么我们就能够变得宽容开放，最重要的是，能够变得富有幽默感，而幽默感是狂热主义最大的敌人。尽管如此，拥有一个深刻的真理、

---

1 转引自"The West's Deepening Culture Crisis"，*The Futurist*，1993 年 11—12 月，第 12 页。

2 尼尔斯·玻尔（Niels Bohr，1885—1962），丹麦物理学家，哥本哈根学派创始人，1922 年获得诺贝尔物理学奖。——译者注

3 转引自 Shlain Leonard，*Art & Physics: Parallel Visions in Space, Time and Light*，William Morrow，第 430 页。

一个神灵、一种叙事，无疑要好过什么都没有。

当人们没有神灵可以侍奉时，他们会怎么样？有些人自杀了。在美国，特别是在我们的年轻人中，这种情况比世界上大多数其他地方都要多。有些人用包括酒精在内的毒品来麻醉自己；有些人在肆意的暴力中寻找乐子；有些人则将自己包裹在坚不可摧的利己主义中。很显然，还有许多人陶醉于对那些过往辉煌叙事的商业化重现，暂时摆脱了恐惧，令人觉得可悲。

我面前摆着一篇关于“主题公园”在美国和欧洲数目激增的报道。就在我写作的当下，波兰即将推出一个主题公园。据《旅行与休闲》(*Travel and Leisure*)杂志报道，那里的工作人员将穿上仿制的纳粹德国空军和国防军制服，为的是给“希特勒地堡迪斯科”的夜间舞蹈带来灵感。另外还有柏林附近的一个游乐园，那里的服务人员将扮成秘密警察，把那些对政府发表批评言论的人关到假监狱里。大洋彼岸，在佐治亚州的亚特兰大市附近，一个“乱世佳人乡村”主题游乐园正在开发中。迪士尼公司也不甘示弱，作为一个完全靠抓住时机对各种叙事进行浪漫化再创作以获得发展的公司，它已经制订了计划，要在弗吉尼亚州的马纳萨斯市附近建立另一个游乐园，主题是“内战体验”。显然，那里的展品将戏剧化地再现奴隶制的情景——他们的态度是支持还是反对，尚不清楚（事实上，在我写下这些文字时，这个项目的前景如何亦尚未可知）。[1]

这一切是否如乔伊·古尔德·博伊姆[2]所猜想的那样，仅仅是为大规模消费“虚拟现实”而进行的预演？我们是否在为一个时代做好准备，那时我们将不再需要昂贵的主题公园来重新创造我们选择的噩梦或幻想，而只需按下一个按钮就可以实现其中的任何一个？无论我们是否在做这样的准备，现在发生的事情，用罗洛·梅的话来说，是一种“对神话的呼唤”。无论是噩梦还是幻想，这些公园让人们得以进入一个曾经被某个强大叙事主导的世界里，这种叙事给了人们生活的理由，如果没有这种理由，某种精神创伤就会出现。即使某个叙事将人置于地狱之中，那也胜过无处可去。无处可去意味着要生活在一种毫无生机的文化中，人们既看不到过去也看不到未来，听不到权威明确的声音，找不到任何组织原则。在这样的文化中，学校有什么用？学校又**能**有什么用？

曾经，美国的文化是知道学校之用的，因为那时的文化为其人民提供了功能齐全的多种叙事。例如，那时

---

1 Gary Krist，“Tragedyland”，*New York Times*，1993年11月27日，第19页。

2 乔伊·古尔德·博伊姆（Joy Gould Boyum，1934—2021），电影评论家、学者，纽约大学教授，著有《双重曝光：从小说到电影》（*Double Exposure: Fiction into Film*）等。——译者注

有一个伟大的故事叫民主，美国艺术家本·沙恩（Ben Shahn）曾宣称，那是“世界上最吸引人的理念”。亚历克西斯·德·托克维尔[1]将其称为“公民参与的原则”。冈纳·缪尔达尔[2]用“美国信条”这一短语来概括这一理念，他认为这是西方所有国家中阐述得最清楚的通用理想体系。这个故事的第一章以“起初，出现了一场革命”开篇。随着故事的展开，出现了“民有、民治、民享的政府”这样神圣的字眼。作为帮助书写这个故事的人，托马斯·杰斐逊[3]这个伟大民主之神的摩西，深知学校的作用——确保公民知道何时以及如何保护自己的自由。正是他写了一篇可能会让他付出生命代价的文章，其中包括这样的文字：“我们认为这些真理是不言而喻的：人人生而平等，造物主赋予他们若干不可剥夺的权利，其中包括生命权、自由权和追求幸福的权利。”他这样的人不太可能像今天那些政治领导人一样，认为教年轻人读书仅仅是为了提

---

1 亚历克西斯·德·托克维尔（Alexis de Tocqueville，1805—1859），法国政治家、思想家和历史学家，代表著作有《论美国的民主》《旧制度与大革命》等。——译者注

2 冈纳·缪尔达尔（Gunnar Myrdal，1898—1987），瑞典经济学家，1974 年获得诺贝尔经济学奖。“美国信条”（The American Creed）出自其著作《美国的两难：黑人问题和现代民主》（*An American Dilemma: The Negro Problem and Modern Democracy*）。——译者注

3 托马斯·杰斐逊（Thomas Jefferson，1743—1826），《独立宣言》起草人，第三任美国总统（1801—1809）。——译者注

高他们的经济生产力。杰斐逊有一个更加深刻的神灵要侍奉。

埃玛·拉扎勒斯[1]也是如此，她的诗颂扬了另一种曾经无比强大的美国叙事。她写道："交给我，你们这些受穷受累的人，你们这些挤作一团渴望自由呼吸的众生。"除了耶稣的伟大叙事之外，还有哪里可以找到一个能让这些挤作一团的人显得如此高贵的故事？在这里，美国被描绘成一个伟大的大熔炉。这样一个故事回答了许多深刻的问题，包括学校有什么用。学校要把那些在海岸线上挤作一团的可怜弃儿塑造成美国人；学校要让那些无家可归、孤独无助的人对美国的历史和未来、对美国的神圣象征、对美国许下的自由的承诺有一份共同的信仰。总而言之，学校是对以下问题的肯定回答：一个有着多元传统、语言和宗教的民族能否创造出一种和谐、稳定、统一的文化？

当然，还有其他一些叙事也起到了指导和激励人们的作用，特别是帮助学校教育找到了目标。其中一个叙事的名称是新教伦理。在这个故事中，人们声称，努力工作和自律节欲是赢得上帝青睐的最可靠的途径。游手

---

1 埃玛·拉扎勒斯（Emma Lazarus，1849—1887），美国犹太诗人，代表作品是十四行诗《新巨人》（"The New Colossus"），自由女神像青铜牌匾上的铭文即出自该诗。——译者注

好闲是万恶之源，淫欲，甚至仅仅是令人愉悦的想法也是万恶之源。虽然这个自我约束之神来自创建了美国的加尔文派的清教徒，但它的力量却延伸到来自迥异传统的芸芸众生中。当然，这些人也带来了自己的叙事，在美国社会中，我们也许可以说，这些叙事充当了“地方性的神灵”，但它们也有足够的力量来指导学校教育。

在这里，我可以用我自己接受的学校教育为例。在我的成长过程中，我学会了热爱美国信条，同时又深受另一个更具“部落性”的故事的启发，对这个故事我一直相当拥护（现在仍然如此）。我的父母都是犹太人，我要上两所学校：一所是美国的公立学校，在那里，华盛顿、杰斐逊、麦迪逊[1]、托马斯·潘恩和林肯被奉为偶像；另一所是“犹太”学校，在那里，亚伯拉罕、撒拉、以撒、利百加、雅各、拉结、利亚和摩西的名字同样神圣。（值得注意的是，在美国的民主故事中几乎没有重要的女性，而在上帝的选民[2]的故事里则有很多。）在我看来，上帝选民的故事与民主故事并不冲突，与大熔炉故事也不冲突，令人惊讶的是，它与新教伦理的故事也不冲突（也许是因为新教伦理与“犹太人的罪恶感”没有很大差别，

1　詹姆斯·麦迪逊（James Madison，1751—1836），美国第四任总统（1809—1817），美国宪法之父。——译者注

2　上帝的选民（chosen people），指犹太人。——译者注

后者源于这样一个假设，即无论发生了什么，都是你的错）。

关键是（抛开罪恶感不说），伟大的美国叙事与我的部落叙事有着某些近乎相同的主题和原则——例如，家庭荣誉、克制、社会责任、谦逊和对被抛弃者的同情。对我和我那些公立学校里的同学来说，把各种叙事融为一体并不困难，他们中有爱尔兰人、希腊人、意大利人和德国人，他们的部落故事可以用来丰富学校里所教的伟大叙事，并且与之完美契合。

我想补充的是，我们中的许多人都没有意识到学校应该赞美我们的部落故事，甚至是讨论它们。一个原因是，我们认为我们的老师无法胜任这样的工作。另一个原因是，老师们从来没有表示过，认为这属于自己的职责范围。还有一个原因，我们的班级在文化上过于多元，使得这样的目标难以实现。在我们看来，学校与“族群性”（ethnicity）没有关系。（顺便提一句，那时候我们并不知道这个词，因为它由W.劳埃德·沃纳[1]在1940年首次使用，直到很久以后才成为一个常见表达。）我们认为，促进族群性是家庭的责任。在家里，除了其他语言，还可以自由地讲“部落”语言（就我而言，是依地语），并且会尊

1 W.劳埃德·沃纳（W. Lloyd Warner，1898—1970），美国人类学家和社会学家，社会阶层研究的先驱。——译者注

重宗教传统和节日，享用“非美国”的食物。基督教教堂或犹太教堂、兄弟会组织，有时候甚至是当地的政治协会也承担了这个责任。我们的一些族群故事也在流行艺术，例如电影中得以讲述。在这方面，爱尔兰人做得特别好。他们在许多电影中被描绘成吃苦耐劳、重视家庭、开朗有趣的人，他们的牧师唱着轻快的歌，他们的修女美丽动人。犹太人和意大利人的运气就没那么好了，希腊人压根儿就被忽视了，黑人则备受羞辱，德国人当然是被痛骂的对象。然而，我们并不指望学校能改善这种情况，学校的作用只是把所有人都变成美国人。

当然，我意识到，刚才我所描述的情况并非到处都一样，或者我应该说，并非到处都令人满意。早在1915年，人们就对“大熔炉”这一隐喻表示了不满，尤其是对其假定的现实表示不满。[1]虽然人们承认美国信条主要是以盎格鲁-撒克逊传统为基础，但他们认为，其原则主要是由移民制定的，他们用自己的传统丰富了信条的内容，而且无论如何，他们都不会放弃自己的部落身份。因此，“文化多元主义”（cultural pluralism）的理念主要在20世纪30年代进入了学校。这意味着，在许多公立学校（不包括我的学校），不同移民群体的历史、文学和传统被纳

1　参见 *The Nation*，1915年2月18日和25日。作者为Horace Kallen。

入美国信条这个伟大故事之中。我不知道文化多元主义是否让拉扎勒斯笔下那些挤作一团的移民的孩子增强了自尊心和民族自豪感。也许在某些情况下增强了，也许在一些情况下没有，相反还会因此陷入尴尬。虽然我所在的学校很晚才开始提倡文化多元主义，但我确实记得，有一次，一位老师非常罕见地赞扬了族群多样性，特别强调犹太人哈伊姆·所罗门[1]在为美国独立战争筹集军费方面做出了贡献。筹集军费？我更愿意听到所罗门帮助了保罗·里维尔[2]。

无论文化多元主义是增强了学生的自尊心还是打击了他们的自尊心，它对于构成公立学校教育基础的叙事有着积极意义，为保持这些叙事的活力和作用做出了三个方面的贡献。首先，它为美国文化，尤其是美国历史，提供了更全面、更准确的描述——也就是说，它揭示了伟大的美国叙事具有的勃勃生机。不管是不是大熔炉，事实证明美国是一种复合文化，原则上没有人被排除在外。第二，任何时候，纳入移民叙事并不是要否定美国信条。即使是那些有关屠杀美洲“土著”、奴隶制和剥削“苦力”

1 哈伊姆·所罗门（Haim Salomon，1740—1785），美国犹太商人和金融家，在美国独立战争期间为美国大陆军筹集了大部分军费。——译者注

2 保罗·里维尔（Paul Revere，1735—1818），美国银匠、实业家，在列克星敦和康科德战役前夜警告当地民兵英军即将来袭。——译者注

的可怕故事也可以被讲述，而且不会让民主、大熔炉或新教伦理的理想遭到指责。事实上，这些故事往往能激励人们净化美国信条，克服偏见，把我们自己从历史的污点中救赎出来。第三，纳入任何移民叙事的目的不是为了促进不同群体之间的分裂。我们要表明的是，每个部落的故事都有它自己的丰富内容，我们会因为了解其他民族的神灵而变得更好。

如此看来，现在某些所谓的“多元文化主义”（multiculturalism）并没有体现以上三个方面，而这种缺失严重威胁到**公立**学校，而不是私立学校的未来，这一点我很快就会证明。在这里，我只想说，公共教育的理念完全取决于两点：要有共同的叙事，**同时**要排斥会导致疏离和分裂的叙事。公立学校之所以具有公共性质，并不是因为这些公立学校有共同的目标，而是因为学生们有共同的神灵。其原因是，公共教育并不是为公众提供服务，而是要**创造**出公众。通过创造健全的公众，学校就为加强美国信条的精神基础做出了贡献。这是杰斐逊理解的公共教育，是霍勒斯·曼[1]理解的公共教育，也是约翰·杜威[2]

1 霍勒斯·曼（Horace Mann，1796—1859），美国教育家和政治家，被誉为“美国公共教育之父”。——译者注

2 约翰·杜威（John Dewey，1859—1952），美国著名哲学家、教育家、心理学家。——译者注

理解的公共教育。事实上，对于公共教育别无其他理解方式。我们要问的不是：公立学校教育是否能创造公众？我们要问的是：它创造什么样的公众？是由自我放纵的消费者组成的大企业？是怨天尤人、没有灵魂、没有方向的乌合之众？是对他人漠不关心、困惑迷茫的小市民？还是自信满满、心怀使命、尊重知识、开放包容的公众？这个问题的答案与计算机、考试、教师问责制、班级规模以及学校管理的其他细节没有任何关系。正确的答案取决于两件事，而且仅仅取决于这两件事：要有共同的叙事，并且这样的叙事要有能力提供可以激励学校教育的理由。

第二章　那些失败的神灵

对各路神灵来说，这不是它们走运的一个世纪，甚至是整整一个半世纪。我们也许可以说，查尔斯·达尔文是最早抨击神灵的人，他告诉世人，人类不是上帝的孩子，而是猴子的孩子。他揭露了真相，但因此付出了惨重代价，一直饱受肠胃病痛之苦，医学史学家找不出这种病痛的生理原因。尽管如此，达尔文并不后悔，他希望芸芸众生能够在进化论的伟大叙事中找到激励、慰藉和延续性。很可惜，能做到这一点的人并不多，而他造成的心理创伤有目共睹，一直延续到今天。卡尔·马克思——据说他曾邀请达尔文为《资本论》写一篇前言，但达尔文拒绝了——摧毁了民族主义之神，用理论和无数事例证明了工人阶级如何上当受骗去认同对他们百般折磨的资本主义。西格蒙德·弗洛伊德在他位于维也纳贝克巷 19 号的咨询室里安静地工作，他将成为这个世界上最可怕的神灵克星。他的研究证明，那个被启蒙时代赋予权威的伟大的理性之神其实是个大骗子，它的作用主要是让我们把最原始的欲望合理化，掩盖这些欲望对我们的控制。在一定程度上，大脑皮层只是生殖器的仆人。一个新颖但令人极度不安的想法，甚至可能是真的。不止于此，弗洛伊德还彻底毁灭了童真的故事，更加过分的是，还试图证明摩西不是犹太人（对此他表示歉意，但没有公开放弃自己的观点），他认为我们对神灵的信仰是一种幼稚的、神经质的幻象。即使是性格温和的阿尔伯特·爱因斯坦，尽管他本人不是爱因斯坦主义者[1]，也导致了普遍的幻灭感，对艾萨克·牛顿的科学之神造成了致命的破坏——这算得上是一个弗洛伊德式的弑父例子。爱因斯坦的革命性论文让我们了解到：我们不是按照事物本身的样子看待它们，而是按照**我们**认为的样子看待它们。最古老的生存定理——“眼见为实”遭到质疑，但这句话反过来说——所信即所见，被证明至少也是正确的。此外，爱因斯坦的追随者已经得出结论，而且确信他们已经证

---

1 即使阿尔伯特·爱因斯坦被广泛认为是相对论的创始人，并与“爱因斯坦物理学”一词相关联，但他并不完全认同自己理论的所有方面。事实上，爱因斯坦晚年的大部分时间都在寻找一个统一的理论，以调和量子力学和相对论这两个当时物理学最重要的理论。——译者注

明，人是永远无法获得全部知识的。尽管我们愿意尝试，但我们**永远**无法了解某些事物——不是因为我们缺乏智慧，甚至不是因为我们受限于肉眼凡胎，而是因为这个宇宙充满了恶意。

奇怪的是，虽然他们的性格各不相同，但他们每一个人都想为我们的信仰提供一个更坚实、更人道的基础，也许有一天这真的会实现。与此同时，人类为失去的东西感到惊恐不安。尼采在他发疯之前说，上帝已经死了。他也许是想说诸神已死，但如果他真的这么想，那就大错特错了。在 20 世纪，诸神你方唱罢我登场，但大多数都没有持久的生命力（这也许就是尼采预言的）。我已经提到了其中的几个神灵，如纳粹主义和法西斯主义。希特勒曾预言第三帝国将要绵延千年，也许比历史本身还要长。他的故事从一场大火开始[1]，那场熊熊火焰想要彻底吞噬关于其他神灵的所有叙事。这个故事在十二年后结束，也是在火中，也是在柏林，这个神灵的身体被烧得面目全非，根本无法辨认。

至于法西斯主义，可以说它还没有寿终正寝，它还在四处苟延残喘，但作为一个故事几乎不值一提。在那

---

1 指发生在 1933 年 2 月 27 日的国会纵火案。德国纳粹党策划焚烧柏林国会大厦，借此打击德国共产党和其他反对纳粹主义与法西斯主义的力量。希特勒通过此事件成功解散德国共产党。——译者注

些它仍然存在的地方，人们不是**相信**它，人们只是不得不忍受它。因此，弗朗西斯·福山[1]在《历史的终结》（*The End of History*）一书中告诉我们，自由民主的伟大叙事最终取得了胜利，为历史的冲突对立画上了句号。这就是为什么有那么多人把焦虑的目光投向美国，看它的诸神是否也能为他们服务。

到目前为止，美国的答案基本上是：相信市场经济。这既不是一种叙事，也不是一个答案。问题是，在美国受人尊敬的诸神已经元气大伤。随着美国走向帝国的地位（现在被认为是世界上唯一的“超级大国”，这么说在道德上褒贬难辨，甚至也许是一种讽刺），其自由民主的伟大故事已经失去了光泽。在托克维尔所说的“公民参与”方面，美国比不上其他任何一个工业化国家。美国一半的合格选民在总统选举中不去投票，而许多去投票的人是通过目光呆滞地观看电视竞选广告做出选择的。想到有很多人不知道他们在国会的代表叫什么名字，不知道谁是国务卿，甚至都不知道**有**这样一个内阁职位，真是非常可怕。公民之所以这样漠不关心，无疑与近些年来美国领导人弄虚作假让人民变得愤世嫉俗有关，特别是林登·约翰逊和理查德·尼克松，后者让“隐瞒”一词在

1　弗朗西斯·福山（Francis Fukuyama），日裔美籍政治学者。——译者注

政治话语中变成家常便饭。此外，美国希望通过开明的外交政策成为各国的道德之光，这束光在越南的丛林中至少可以说变得十分黯淡，在格林纳达、巴拿马和科威特则干脆变成了笑话。当年马克思说，历史重演时，第一次是作为悲剧出现，第二次是作为笑剧出现，他是否想到了类似的情况？

我并不是说美国作为道德象征的隐喻已经不再有人相信。如果真是如此，移民大军也不会每天降落在约翰·肯尼迪机场，渴望自由地呼吸。在所有这些动荡不安中，我们应该牢记一点，一个伤痕累累的神灵有别于一个已经死去的神灵，我们可能还是需要这样的一个神灵。

同时，大熔炉叙事也遭受了一个不完美的神灵所可能承受的诸多侮辱。对一些人，例如韩国人、中国人和俄罗斯人来说，大熔炉的效果还算不错，但还有太多的人因为他们的种族或母语，不能充分享受大熔炉承诺给他们的东西。特别是非裔美国人，他们的境遇与文化融合社会的浪漫故事极其不符，更加荒唐的是，他们压根儿就不是移民，而是像大多数美国人一样生于斯长于斯。一个群体能否成为中产阶级应该是检验这个群体能否被主流社会接受的标志，但尽管黑人中产阶级的数量有了惊人的增长，对数百万黑人来说，他们的美国梦是一个穷困潦倒、家庭破裂、暴力滋生、失业率居高不下的噩梦。这些问题本应通过四十年来实现社会平等的努力来解决，其中包括对大熔炉故事的各种完善，如取消学校种族隔离、通过《民权法案》、采取公开的录取政策和平权行动。然而即便如此，正如拉尔夫·埃利森[1]说的那样，黑人仍然是看不见的人。例如，在我写下这些文字的这一天，劳工统计局发布的一些消息让美国人感到振奋：失业率在下降，这表明经济正在好转，好日子就在眼前。可是，黑人的失业率却上升了，（其他数字显示）无家可归的黑人也在增加，特别是儿童，这一点却很少有人讨论，而且几乎没人感兴趣，这让人觉得美国希望把黑人排除在自己的事务之外。然而，数百万黑人比任何其他人都更愿意继续相信美国的承诺，相信它伟大的叙事，这是美国文化中令人称奇的事实（但这个事实基本上被忽视了）。

当然，还有其他一些群体，例如拉丁裔，他们似乎无法在美国这个大熔炉里找到一个舒适位置，因此大熔炉故事承诺的那些能鼓舞人心的东西，他们并没有找到。至于勤奋工作会带来幸福的谆谆教导，有太多的美国人已经不再相信了。电视这一伟大的高等教育课堂告诉他

1 拉尔夫·埃利森（Ralph Ellison，1914—1994），美国作家、文学评论家和学者，以其小说《看不见的人》（*Invisible Man*）闻名，该书于1953年获得美国国家图书奖。——译者注

们的是：梦想一旦推迟，就永远无法实现——也就是说，这个梦想压根儿不存在。电视还告诉他们，事实上，他们有权享受技术馈赠的硕果，消费之神比任何劳动之神都更慷慨仁慈。

我稍后再来谈消费之神的承诺。在这里需要提一下的是，在美国，和其他地方一样，存在着瓦茨拉夫·哈韦尔[1]所说的"叙事危机"。旧日的诸神已经倒下，不是伤痕累累就是寿终正寝，新生的诸神纷纷夭折。他说："我们正在寻找新的科学配方、新的意识形态、新的控制系统、新的机构……"换句话说，我们在寻找新的神灵，他们能够为我们提供"基本的正义感、能够像其他人一样看待事物的能力、超验的责任感、有原创性的智慧、良好的品味、勇气、同情心和信仰"。[2]

哈韦尔并没有低估这其中的困难。他知道，怀疑主义、幻灭、异化以及我们用来描述意义丧失的所有其他词语已经成为我们这个时代的特征，影响到了每一个社会机构，尤其是学校。哈韦尔曾经是捷克斯洛伐克的总统，他败给了斯洛伐克人的神灵，因此失去了斯洛伐克人。他比任何人都清楚，几乎全世界都在回归"部落意识"，

1　瓦茨拉夫·哈韦尔（Václav Havel，1936—2011），捷克作家和剧作家，首任捷克共和国总统。——译者注

2　转引自 *Prognosis*，第 16 卷，1993 年 8 月 6 日第 3 期，第 4 页。

这意味着人们在寻找并希望重获超验身份[1]和价值的来源。他也和其他许多人一样，知道这种寻找是多么危险，这就是为什么没有人会对重拾纳粹主义的标志和计划的光头族在西方崛起感到惊讶，也没有人会对在我写作的此刻弗拉基米尔·日里诺夫斯基[2]——他承诺给大众一个比转向市场经济更为明确的未来——日渐走红感到惊讶。他和哈韦尔一样，知道人们需要神灵，就像他们需要食物一样。

我们同样不应该感到惊讶的是，特别是在美国学术界——虽然不仅限于美国学术界——现如今出现了一种表示无意义感的形而上学，这就是众所周知的“解构主义”哲学。可以说，解构主义是由一个改过自新的纳粹同情者保罗·德曼（Paul de Man）发明的，它假定词语的意义总是不确定的，词语与现实无关，而是更多地与其他词语有关，在词语中或其他任何地方寻找明确的意义是毫无意义的，因为根本没有意义可找。我们不完全清楚他是如何得出这一结论的——也许他希望我们相信，通

---

1 超验身份（transcendent identity）理论认为，人的头脑中存在一些“蓝图”，这些蓝图携带着可以跨代的行为和特征等。——译者注

2 弗拉基米尔·日里诺夫斯基（Vladimir Zhirinovsky，1946—2022），俄罗斯政治家，自 1991 年以来担任俄罗斯自由民主党领导人，直至去世。——译者注

过自圆其说的办法，有可能把《我的奋斗》[1]解读成对犹太民族的赞美。

在任何情况下，任何解构主义哲学都无法掩盖叙事的危机，无法掩盖曾经坚不可摧的神灵已经走向衰落的事实。这种神灵的毁灭肉眼可见——例如神圣的符号被用于琐碎的日常——特别是在美国。当然，如果对其符号没有一定程度的尊重，伟大的叙事就不可能让人觉得它有用。这些符号如今是如何被使用的？随便拿美国曾经有过的某个伟大叙事为例，我们就可略见一斑。例如，亚伯拉罕·林肯的葛底斯堡演讲对我们这个国家的起源故事进行了令人信服的总结，它讲述了一个通过革命"诞生"的国家注定要成为世界上其他国家的榜样。同样是这个亚伯拉罕·林肯，他的脸出现在二月份亚麻布销售额的通告中。埃玛·拉扎勒斯歌颂移民文化的诗句被刻在自由女神像的基座上，但同样是这个自由女神像，被一个航空公司作为营销策略来吸引潜在客户去迈阿密旅游。我们都知道这样一个故事，一个敬畏上帝的民族从《旧约》的训诫和摩西带来的十条戒律中寻求指导和力量，但同样是这个摩西，被画在了销售犹太鸡的海报中。关于圣诞节以及人们如何使用与之有关的重要符号，还是少说

---

1 《我的奋斗》(*Mein Kampf*)，阿道夫·希特勒于1925年出版的自传，日后成为德国纳粹党的思想纲领。——译者注

为妙。但也许还是应该指出，希伯来热狗公司[1]同时使用山姆大叔和上帝来销售法兰克福熏肠；小马丁·路德·金的生日大多被用于销售家具；圣婴耶稣和圣母马利亚被用来宣传一个叫作 VH-1 的摇滚音乐电视台。

这种削弱符号的意义、抹杀神圣和世俗之间界限的做法，到底是叙事危机的结果还是原因，还真的很难说。在我看来，主要还是结果（尽管在上述情况下，结果很快就变成了原因）。不管是哪种情况，我们最后都会得出这样的结论：对诸神及其符号来说，这都不是一个好时候。因此对那些想从形而上的来源中汲取力量的社会机构来说，这也是一个糟糕的时候。这会让我们最终思考一个问题：这一切对于学校教育意味着什么？

一个很容易跃入脑海但令人心塞的答案是，大多数的教育者完全忽略了这个问题。他们中的许多人把注意力集中在学习的工程性质上，他们的学术期刊发表的全是那些证明这样或那样的方法有助于教授阅读、数学或社会学科的研究报告。他们用来证明一种方法优于另一种方法的证据通常是用统计学的语言表达的。这种语言尽管很抽象，却被奇怪地称为“确凿的证据”。这让教育行业有了一种取得进步的感觉，有时还出现了夸大妄想。

1　希伯来热狗公司（Hebrew National），美国一个生产犹太热狗和其他香肠的品牌。——译者注我最近在《美国教育家》(*The American Educator*)杂志上看到一篇文章，作者声称，基于认知科学研究的教学方法“相当于教育界的小儿麻痹症疫苗和青霉素”[1]。

我们并不完全清楚认知科学能保护我们的学生免受哪些疾病的困扰，但事实上这并不重要。既然在教育领域，到处都是有关计算机科学、择校制、教师问责制、评估学生的国家标准以及全语言学习[2]能创造奇迹的声音，为什么认知科学就不可以呢？

曾经，教育工作者因为能够提供学习的理由而为人所知，而现在他们出名是因为发明了一种学习方法。

当然，这一切会导致很多问题，特别是它让人无法专注于真正重要的东西——例如，当教师和学生共同拥有一个教学的理由时，教和学从本质上来说是极其简单的。正如西奥多·罗萨克[3]所写的那样：“太多的设备，就像繁复的官僚主义，只会抑制［教与学的］自然流动。人与人之间的自由对话，能够在心灵之间不受约束地徜徉，这

---

1 John T. Bruer, “The Mind’s Journey from Novice to Expert”, *American Educator*, 1993 年夏，第 6—7 页。

2 全语言学习(whole-language learning)，一种语言习得和读写教学方法，强调在真实环境中将各种语言技能和意义构建整合在一起，与更传统的侧重于孤立技能，如拼音和语法的方法形成对比。——译者注

3 西奥多·罗萨克(Theodore Roszak，1933—2011)，美国历史学家、小说家，在 1969 年出版的《反文化的诞生》(*The Making of a Counter Culture*)一书中首次提出了“反文化”的概念。——译者注

是教育的核心所在。如果教师没有时间、动力或智慧来提供这种对话，如果学生意志消沉、百无聊赖或心不在焉，无心与教师交流，那么**这**就是必须解决的教育问题——而且是要通过教师和学生自己的经验解决。”[1]

正如我一直在说的，这个问题在本质上是个形而上学问题，不是技术问题。可悲的是，我们教育界这么多精英人士都不承认这一点。但是，当然还是有些人是承认的。如果说教育工作者对学校教育的形而上学问题完全漠不关心，这既不公平，也不准确。事实是，如果没有**某种**存在的理由，学校是不可能存在的。事实上，眼下有几个神灵是我们的学生得去侍奉的。我会用本章接下来的篇幅以及下一章的全部篇幅来介绍它们，并说明为什么它们都无法以丰富、严肃与持久的方式维持公立学校的理念。

事实上，第一个叙事的一系列假设平凡无奇，以至于几乎没有人注意到这是一个叙事。不过我们姑且把它算上吧，主要是因为有很多人都相信它是学校教育存在的最重要的理由。我们也许可以把它称作“经济效用之神”。正如它的名字所示，它是一个没有激情的神，冷酷而严厉。但它许下诺言，而且这个诺言不容小觑。面对年轻

---

1 Theodore Roszak, *The Cult of Information: The Folklore of Computers and the True Art of Thinking*, Pantheon, 第 62—63 页。

人，它与他们立下某种契约：如果你在学校里注意听讲，完成作业，在考试中取得好成绩，表现良好，作为奖励，你会在完成学业后得到一份高薪工作。其主导思想是，学校教育的目的是让孩子们为将来有能力进入社会的经济生活做好准备。由此可见，任何不是为了促进这一目的而设计的学校活动都会被看作一种装饰或点缀，换句话说，就是在浪费宝贵的时间。

这种世界观可以在多个传统中找到起源，很显然，首先就是为了获得生存物资而进行的无休止的斗争。人需要吃饭，没有什么道理比这更明白无误了。学校的目的是什么？做**任何事情**的目的是什么？难道不是为了给我们提供赚取面包的手段吗？但是，除此之外还有更多目的。经济效益之神并非完全没有精神光辉，尽管可能很暗淡。事实上，它确实也在讲述某种故事，这个故事的部分内容可以在亚当·斯密的《国富论》中找到，可以在新教伦理的叙述中找到，甚至也可以在卡尔·马克思的著作中找到。这个故事告诉我们，我们首先是经济动物，我们的价值和目的体现在我们获得物质利益的能力中。这就是为什么女性的学校教育至今还没有被认为具有很高价值的一个原因。照这个神灵的说法，你就**是**你谋生的那份工作——这种对人性的看法是相当成问题的，即使你可以确保获得一份有趣而充实的工作。然而，这种保证是通过对善恶的明确划分来实现的。善的本质是体现生产力、高效率和系统性，而恶就是低效和懒惰。像任何一个自命清高的神灵一样，这个神灵不喜欢为恶之人，而是慷慨地施恩于那些为善之人。

这个故事接下去要宣扬的是，美国与其说是一种文化，不如说是一种经济，任何国家的经济活力都取决于学校的高水平成就和严格纪律。然而，几乎没有证据（也就是说，根本没有证据）表明，一个国家的经济生产力与学校教育的质量有关。[1]每个神灵都有未经证实的公理，而大多数人都会满足于不假思索地接受这个公理。那些信奉这个神灵的人倾向于将美国儿童的成绩与其他国家儿童的成绩进行比较，他们想要表明的观点是，美国人在某些关键科目上做得不好，这解释了美国生产力为什么会出问题。这种逻辑有几个问题，其中一个问题是，我们很难对在传统、语言、价值观和整体世界观等方面存在巨大差异的群体进行比较。另一个问题是，即使可以证明美国学生在某些方面逊于其他国家的学生——比如在数学和阅读方面，但那些国家的经济生产力水平并不都比美国高。自 1970 年以来，美国经济已经创造了 4100 万个新的就业机会。相比之下，整个欧盟，其人口比美

---

1 关于这一点的全面分析，参见斯坦福大学亨利·莱文（Henry Levin）的著作。

国人口多出近三分之一，只创造了800万个新的就业机会。而这一切都发生在美国学生表现不如欧洲学生的时期。[1]此外，从历史角度可以很容易看出，在美国经济生产力水平较高的时期，教育成就水平并不特别高。

至少可以说，这整个故事是有问题的，大多数工业国家都不相信。这就是为什么德国人和日本人在美国开设了大规模的汽车制造厂，而且是在那些教育制度比较落后的州。虽然有人认为，他们之所以在美国投资是因为这里的劳动力更便宜，但像梅赛德斯-奔驰、宝马和本田这样的公司如果认为美国人的低下教育水平会阻碍他们生产具有竞争力的汽车，他们是肯定不会把数十亿美元投资砸在这里的。

显而易见的是，很少有学生会相信经济效用之神的故事，当然也就几乎不可能从中获得激励自己的力量了。一般来说，年轻人对世界有太多的好奇，身上涌动着太多的活力，不会被某个单调的想法吸引。我认识一个小男孩，他当时在读二年级，有人问他长大后想做什么，他毫不犹豫地回答“口腔正畸师”。很难想象还有比这更令人沮丧的回答了。儿童将自己视为创造经济效益的单位是违背天性的，除非是在极端的情况下，甚至在极端的情况下都不

1 参见 Robert J. Samuelson，“The Useless ‘Jobs Summit’”，*Newsweek*，1994年3月14日，第50页。

该如此。但是，既然他的父母已经把这个想法清清楚楚地灌输给了他，我想他们是赞成这个想法的。事实上，许多父母都可能会赞成把学校作为未来就业的主要培训场所，许多公司的高管也是如此。这就是为什么电视广告和政治演讲会一遍又一遍地重复“经济效用”的故事，用以解释孩子为什么应该上学读书、应该留在学校里，学校为什么应该得到公共支持。

但是，尽管经济效用之神广受欢迎，它却无法为学校教育提供令人满意的理由。撇开它关于教育和生产力相辅相成的假设暂且不谈，它承诺提供有趣的工作，这和它的其他承诺一样，是言过其实的。我们找不到有力证据可以让人相信，大多数学生在毕业时都能得到报酬丰厚、激动人心的工作。自 1980 年以来，至少在美国，工作机会增加最多的是那些拥有较低技能的人——例如服务员、搬运工、销售人员、出租车司机。我不是不尊重那些能胜任这些工作的人，但他们的技能没有复杂到需要学校专门对他们进行教育。事实上，学校可能教的几乎任何东西都有助于年轻人从事这些工作。当然，报酬优厚、竞争激烈的工作总是属于那些语言运用能力强的人。但是，没有人会认真地指出——就连口腔正畸师也不会这么说——语言能力有用的唯一原因是可以确保进入特权行业。即使有人提出这样的主张，我们也不知道我们的学生可能希望从事哪些职业，因此我们也不知道他们需要什么样的专业能力。例如，如果我们知道所有的学生都希望成为企业高管，会不会就把他们训练成擅长阅读备忘录、季度报告和股票报价的人，而不让他们费脑子去阅读诗歌、科学和历史？我认为不会，每个会思考的人都不会有这种想法。专业能力只能来自更加全面的能力，也就是说，经济效用是优良教育的副产品。任何以经济效用为宗旨的教育都太狭隘，很难有大用。总而言之，这样的教育破坏了这个世界的丰富性，嘲弄了人性。至少我们可以说，这样的教育让一个好的学习者失去了很多机会。

可悲的是，美国一些最重要的政治领导人认为，一个人如果学会了如何在经济上有所作为，也就已经学会了如何成为一个有教养的人。1994年初的一则头条新闻写道："克林顿告诉教育工作者，年轻人没有得到实用的工作技能。"[1] 该报道援引了总统的话："在19世纪，美国年轻人最多只需要高中教育就能出人头地……他们如果能很好地阅读，能理解基本的数字就足够了。在21世纪，我们的人民将不得不终生学习。"当然，在19世纪，如果人们能终生学习那绝对是件好事。事实上，发生在19世纪的技术变革远比21世纪可能发生的要多。19世纪给

1 *New York Times*，1994年2月23日，B7版。

了我们电报、摄影、轮转印刷机、电话、打字机、留声机、横跨大西洋的电缆、电灯、电影、火车头、火箭、蒸汽船、X 射线、左轮手枪、计算机和听诊器，更不用说罐头食品、便士报[1]、现代杂志、广告公司、现代官僚机构，天哪！甚至还有安全别针。但是，让我们假设克林顿总统在阿肯色州的学校读书时没有了解到这一点，他提出的是一个标准化的论点，即随着持续而快速的技术变化，就业市场将需要能够适应变化的人，需要能够轻松学习新概念的人，需要能够毫不犹豫摒弃无用假设的人。这对学校来说是一项非常困难的任务，也是约翰·杜威认为至关重要的一项任务。总统的解决方案是为年轻人提供更实用的职业技能，毫不意外的是，这似乎也是劳工部长罗伯特·赖克（Robert Reich）和教育部长理查德·赖利（Richard Riley）向加州教育工作者提出的解决方案。[2] 当然，这是完全错误的解决方案，因为培养适应性强、好奇心强、思想开放、善于提问的人与职业培训无关，而是完全取决于人文研究和科学研究。总统的讲话和他的同事们的建议表明，他们自己也很难摒弃过时的假设，其中就包括他

1 便士报（penny press），自 19 世纪 30 年代起在美国大量生产的廉价小报，因其价格为 1 美分而闻名，而其他报纸的价格约为 6 美分。便士报使中产阶级公民以合理价格获得新闻，具有革命性意义。——译者注

2 "Tying Education to the Economy", *New York Times*, 1994 年 2 月 20 日，第 21 页。

们认为如果某件事情不奏效，那就要更多地做这件事——例如就业培训。

然而，必须承认，克林顿总统和他的部下们听到了欢呼声，听到了来自教育工作者的欢呼声，因为他们将经济效用之神置于其他所有神灵之前。人们很可能会想，为什么这个神灵的力量如此之大？为什么为谋生做准备会被赋予一个如此高高在上的形而上学位置，**而这不过是任何普通的教育都能完成的工作**？我认为很可能是因为经济效用之神与另一个神灵结合在了一起。这个神灵满脸堆笑，这个神灵能回答“如果我得到了一份好工作，接下来会怎么样？”。

我这里指的是消费之神，它的基本道德准则体现在一句口号中：“谁死时有最多玩具，谁就是赢家”，也就是说，买东西的人是好人，不买东西的人是坏人。这个神灵和经济效用之神之间的相似性显而易见，但有一点不同：经济效用之神认为你就**是**你的谋生方式，而消费之神认为你就**是**你所积累的东西。

对消费之神的热爱很容易成为学校教育的形而上学基础，因为在年轻人生命的早期，早在他们上学之前就已经受到了这种影响——事实上，一旦他们接触到广告业的强大教导，这种影响就已经开始了。例如，在美国，最主要的广告媒体是电视，孩子通常从十八个月大就开始看电视，到三岁时就成了电视迷。这个年龄段的孩子开始要求购买他们在电视上看到的广告产品，而且还会唱广告里的广告歌。从三岁到十八岁，美国青少年平均会看大约五十万条电视广告，这意味着，电视广告是青少年形成价值观的绝无仅有的重要来源。乍一看，这种认为生活因不停购买物品而获得价值的观点似乎并不特别吸引人，但有两件事情改变了这一点。第一件事是“消费之神”与另一个伟大叙事“技术之神”密不可分地结合在一起，第二件事是电视上关于消费和技术的信息主要以宗教寓言的形式出现。关于第二点，目前还没有足够的讨论，我在这里稍事停顿谈谈这个问题，是为了强调消费之神的背后有着不可小觑的神学。

当然，不是每个广告都有宗教内容。正如在教堂里牧师有时会呼吁会众关注非宗教事务一样，电视广告也有纯粹世俗的。有人要卖东西，告诉你这是什么东西，在哪里可以买到，要花多少钱。虽然这些广告可能极不悦耳，令人反感，但它们没有提出教义，也没有求助于神学。但是大多数重要的电视广告都采取了宗教寓言的形式，完全符合神学的逻辑。像所有的宗教寓言一样，这些广告提出了“罪”的概念，暗示了救赎之路，并且许诺美好的天堂愿景。这对那些深刻理解“口臭者寓言”“愚蠢投资者寓言""丢失的旅行支票寓言""机场狂奔者寓言"[1]，或者其他数百个成为年轻人宗教教育一部分的寓言故事中大部分故事的寓意的人来说是显而易见的。在这些寓言中，邪恶的根源在于技术上的无知，没能了解工业进步造福人类的成就。这是生活中人们不快乐、不和谐、感觉到屈辱的主要原因。技术上的无知不仅是指对洗涤剂、药品、卫生巾、汽车、药膏和食品的无知，还包括对技术机制，如银行和运输系统的无知。在一个典型的寓言中，你（这里的"你"只是一个代表）可能会在度假时遇到你的邻居（在电视广告中这总是一个危险的信号），发现他们把钱投资在某家银行，而你却一直不知道这家银行有特别高的利率。当然，当你得知你的邻居可以度过长达三周的假期，而你却只能度一周假时，你就会清楚地意识到，你的无知是一场道德灾难。

通往救赎的道路要求人们相信广告中的建议，并且采取行动。就像寓言中所说的那样，那些同时做到这两

1 "口臭者寓言"指推销口香糖的广告，旨在向消费者传达口香糖的作用及其在人际交往中的重要性。"愚蠢投资者寓言"指推销股票投资的广告，通过讲述一个投资失败者的经历，强调了选股的重要性，并鼓励观众选择有前途的公司股票来获取成功。"丢失的旅行支票寓言"指推销旅行支票的广告，通过展示一位旅行者丢失旅行支票后的困境，强调了旅行支票作为旅行必需品的重要性。"机场狂奔者寓言"指推销航空公司服务的广告，通过描述一个男人因误机而错过重要家庭活动的故事，强调航空公司的准时性和可靠性。——译者注

点的人将会找到通往天堂的道路，而且会处于某种狂喜的状态。传统宗教都拒绝消费之神，认为膜拜它是一种虚假的精神信仰，甚至是彻彻底底的亵渎，这一点不言而喻。人们认为，我们的学校也会明确反对这样一个神灵，因为教育的目的应该是把年轻人从粗俗的物质主义的束缚中解放出来。但事实上，我们的许多学校，特别是在最近，已经非常坚定地与这个神灵结盟了。我指的是，大约有一万所学校接受了克里斯托弗·惠特尔[1]提出的建议，每天在课程中加入两分钟的商业广告。据我所知，这是第一次有广告商利用国家权力来强迫学生观看广告。为了换取这个机会，惠特尔为学校提供他自己制作的十分钟每日新闻，免费提供昂贵的电视设备，包括卫星天线。

学校会接受这种安排本身同时揭示了两件事。第一，消费之神无疑得到了广泛的支持。也就是说，学校认为他们希望学生学习的东西和商业广告希望学生学习的东西之间没有矛盾。第二，技术之神也得到了同样广泛的支持。关于技术之神，我将在下一章中讨论。在这里，有必要说一下，我们确实没有任何合理的理由去反对把年轻人培养成消费者，或反对他们思考自己可能感兴趣的就业类

1 克里斯托弗·惠特尔（Christopher Whittle），营利性教育机构 Whittle School & Studios 的董事长和首席执行官，长期从事媒体和教育事业。——译者注

型。问题是,当这些东西被抬高到形而上学命令的地位时,这就等于告诉我们,我们已经黔驴技穷——甚至更糟糕,再无任何回天之术。

第三章 那些失败的新神灵

假设老师与学生（比如研究生）之间有着互相信任的关系，而且他们讨论的主题与本书的主题相同，这个时候如果老师问学生是否相信上帝（那个有大写 G 的神灵），就不会有什么不妥。我已经试过三四次，大多数学生说他们相信。他们的回答为我的下一个问题做了铺垫：如果你爱的人得了重病，而你必须在向上帝祈祷他或她早日康复和使用抗生素（这是一个受过专业训练的医生开的处方）之间做出选择，你会选择哪一个？

大多数人会说这是个愚蠢的问题，因为这两种选择并不相互排斥。确实如此。但是，如果我们假设只能非此即彼，你会选择哪一个？有人说，上帝帮助自助者，如果选择抗生素，那么就充分利用了两种可能的信仰体系。但如果只能选一个（例如，上帝并不总是帮助那些自助者，上帝帮助那些向他祈祷并且对他笃信不疑的人），大多数人在注意到这个问题很愚蠢而且什么都无法证明后，会选择抗生素。当然,问这个问题首先并不是要证明什么，而是想要讨论信仰的本质。顺便说一下，我每次都不会忘记告诉学生，最近至少出现了一些有科学性的证据（虽然并不确凿）：如果患病的人得到别人的祈祷，他们会比没有得到祈祷的人恢复得更好。[1]

随着讨论的进行，人们对“信仰”的不同含义会出现重大的理解差异，但在某些时候，谈论技术之神一点儿都不荒谬——比如，人们相信技术是有效的，他们依赖技术，技术能带来希望；不能使用技术时他们会感到失落，拥有技术时他们会感到高兴；对大多数人来说，技术以神秘的方式产生奇效；他们谴责那些反对技术的人，他们敬畏技术；为了适应技术，他们愿意如重生一般改变自己的生活方式、时间表、生活习惯以及彼此的关系。如果这都不能算是一种宗教信仰，那什么才能算呢？

在美国文化生活的各个领域，人们可以找到很多有关技术崇拜的例子，足以写一本书。要不是因为这方面的

---

1 虽然我自己不愿意接受这样的研究结论，但有三四项研究声称，如果有人为住院的病人祈祷（在他们不知情或医生不知情的情况下），他们往往比那些没有人为之祈祷的人恢复得更好。参见 Larry Dossey, M.D.，*Healing Words*，HarperCollins，1993。

书已经很多了，我会写一本。但是，再没有人比教育工作者更热衷于技术之神了。事实上，有些人，如刘易斯·佩雷尔曼[1]认为（例如，在他的《学校出局》一书中），现代信息技术已经让学校完全失去了意义，因为现在教室外能获取的信息要比教室里得到的多得多。绝对没有人会认为这是个荒诞的想法。传统上，“孩子（和成人）应该在一个特定地方，在一年和一周当中某些特定日子的特定时间接受教育”，换言之，儿童应该在学校接受教育。前美国教育部部长助理戴安娜·拉维奇（Diane Ravitch）博士饶有兴致地展望了技术对这一传统的挑战。在她的想象中，信息高速公路可能会提供上千种渠道，她向我们保证：

> 在这个教学内容丰富的新世界里，儿童和成人能够选择自己方便的时间，在家里的电视上点播节目来学习他们想了解的任何东西。如果小伊娃睡不着，她可以学习代数。在她的家庭学习平台上，她可以找到一系列有趣的问题，这些问题以互动方式呈现，很

---

1 刘易斯·佩雷尔曼（Lewis Perelman），美国未来学家、作家和政策分析师。他以技术领域及其社会影响方面，尤其是与教育和劳动力发展有关的工作而闻名。著有《学校出局：超级学习、新技术和教育的终结》（*School's Out: Hyperlearning, the New Technology, and the End of Education*）。——译者注

像电子游戏……小约翰可能想要学习日本现代史，他可以打电话给这个领域最权威的专家和老师，他们不仅会使用令人眼花缭乱的图表和插图，还会讲解一段能激发他好奇心和想象力的历史视频。[1]

在这个场景中，我能确切地感到一种典型的不真实感。小伊娃睡不着，所以她决定学点代数？小伊娃是从哪里来的孩子，火星吗？如果不是，她更有可能在电视上找一部好电影来看。小约翰决定要学习日本现代史？他怎么会有这个想法？他怎么会到现在还没去过图书馆？或者说，难道他也是因为睡不着才决定学点日本现代史？

拉维奇在这里谈论的不是一项新技术，而是一个新的儿童物种，无论怎么说，这个物种到现在为止还很少见。当然，新技术确实会产生新类型的人，这让人又多了一个反对拉维奇的未来构想的理由。在她所描述的假想未来世界中有一种明确的决定论：技术已经存在，或者将要存在；因为它已经存在，我们就必须运用；我们将成为技术要求我们成为的那种人；而且，不管我们是否愿意，为了适应技术的发展，我们将重塑我们的制度。所有这些都必须发生，因为这对我们有好处，但在任何情况下，

1 Diane Ravitch，“When School Comes to You”，*The Economist*，1993 年 9 月 11 日，第 45—46 页。

我们都没有选择。

在讨论未来学习与技术的关系时，这种观点几乎无处不在。而且，就像拉维奇描述的未来场景一样，人们在说起这些预言时总会用一种兴奋惊叹的语气。下面是来自美国国家科学院的预言，作者是休·麦金托什（Hugh McIntosh）。

> 在信息时代，孩子们的学校将与他们爸爸妈妈的学校有很大的不同。
>
> 对生物学感兴趣？你可以用计算机模拟技术设计你自己的生命形式。
>
> 科学项目遇到困难了？与科研人员进行远程会议。
>
> 对现实世界感到厌倦？进入虚拟的物理实验室，重写万有引力定律。
>
> 这些都是学校现在就可以提供的具有操作性的学习经验。使之成为可能的技术已经存在，今天的年轻人，无论经济状况如何，都知道如何使用这些

> 技术。他们每周都会在它们身上花几个小时——不是在教室里，而是在自己的家里，在每个商场的电子游戏中心。[1]

在技术爱好者为我们演奏的情歌中，关注一下各种学习的例子以及激发学习的动机总是很有趣的。例如，我们很难想象全世界的科研工作者与数千名在科研项目中遇到困难的学生进行电话会议。我心里忍不住在想，大多数科研工作者应该都会很快制止这种做法。但在上述的场景中，我们看到的是一个通过技术解决心理问题的例子，而且这个心理问题似乎还非常严重，这就格外让人警醒了。我们看到的是一个“对现实世界感到厌倦”的学生。一个人对现实世界感到厌倦是什么意思，尤其还是这么年轻的一个人？进入虚拟现实真的可以解决问题吗？如果可以，我们的问题少年是否还愿意回到现实世界？面对一个对现实世界感到厌倦的学生，我认为，提供一个虚拟现实的物理实验室并不能轻易解决问题。

要讨论新技术在学校或其他地方应该发挥的作用，决不能在啦啦队的亢奋幻想状态下进行。尤其是计算机及其相关技术，它们给一种文化带来的东西令人惊惧，

---

1 Hugh McIntosh，*National Research Council News Report*，1993 年夏，第 2 页。

它们能够改变年轻人的心理习惯，更别说睡眠习惯。但是，就像过去所有重要的技术一样，它们是浮士德式的交易，有得也有失，有时两者是等量的，有时则是一方多于另一方。奇怪的是——更准确地说，是令人震惊——在21世纪已经近在咫尺的时候，我们竟然仍然如此轻松地谈论新技术，仿佛它们是纯粹的祝福，是诸神赠与我们的礼物。难道我们不知道内燃机在给我们带来好处的同时也给我们造成了破坏？难道我们不知道电视在我们生活中的利与弊？至少，关于小伊娃、小约翰和麦金托什，我们需要讨论的问题是，如果在他们进入的世界里，计算机技术成为他们获得动力、权威以及，很显然，心理寄托的主要来源，他们会失去什么，我们又会失去什么。他们会不会像约瑟夫·魏岑鲍姆[1]警告的那样，会更钦佩机器的计算而不是人的判断？我们是否会比以往任何时候都更倾向于把反应速度看作智力的决定性特征？如果学校教育的理念确实将发生巨变，那么哪些类型的学习会被忽略，并且也许从此消失？虚拟现实是一种新的治疗形式吗？如果是的话，会有什么危险？

这些都是严肃的问题，需要由那些真正了解现实世

1 约瑟夫·魏岑鲍姆（Joseph Weizenbaum，1923—2008），麻省理工学院计算机科学教授，1966年开发了最早的自然语言聊天机器人ELIZA，它能够模仿临床治疗中的心理医生。——译者注

界里的儿童的人来讨论，他们能够洞察儿童的需求和社会的需求，而不仅仅把学校视为便于传播信息的场所。学校的主要功能不是为儿童提供信息，从来都不是。当然，这个功能一直在学校的议程上，但它总是排在非常靠后的位置。接下来，我将提到几个更重要的学校功能，但在这里需要指出的是，在技术乌托邦主义者看来，计算机的应用使得获取信息成为学校的第一要务。现在重新排序把获取信息作为最优先事项，可以说非常不合时宜。如何让人们更方便、更快捷、更多元地获取更多信息，这是 19 世纪的主要技术动力。有些人没有注意到这一点，但这个问题在很大程度上已经解决了，因此，在过去的近一百年时间里，年轻人在校外可以获得的信息比校内更多。这种情况在过去没有让学校被淘汰，现在也没有。是的，小伊娃这个来自火星的失眠者，由于有了计算机，确实可以在凌晨开始上代数课。如果她愿意的话，她还可以看书或杂志、看电视、在录像机上看录像、打开收音机或听音乐。所有这些事在计算机出现之前的时代她就都可以做到。计算机并没有解决她的任何问题，反而是加剧了她的问题。因为小伊娃的问题不是要如何获得设计合理的代数课，而是要如何处理她在白天以及在难以入眠的夜晚获得的所有信息。也许这才是她失眠的首要原因。小伊娃像我们其他人一样被淹没在信息的海洋里。

在她生活的文化中，有26万块广告牌、1.7万份报纸、1.2万份期刊、2.7万家租借磁带的音像店、4亿台电视机和5亿多台收音机，还不包括汽车上的收音机。每年出版4万种新书，每天拍摄4100万张照片。由于计算机的存在，我们的电子邮箱每年会收到超过600亿封广告垃圾邮件。从19世纪发明的电报和摄影到20世纪发明的硅芯片，所有这些东西都让信息越发喧嚣地侵扰小伊娃的意识。通过各种可能的渠道和媒介——光波、无线电波、电报机纸带、计算机内存库、电话线、电视电缆、卫星和印刷机，来自全球各地数以百万计的来源的信息蜂拥而至。在这些信息的背后，更大量的信息在等待被检索，它们以各种可以想象得到的方式存储——纸张、录像、录音带、光盘、胶片和硅芯片。面对这种情况，我们可能会问，除了提供更多的信息，学校还能为小伊娃做些什么？如果没有，那么新技术确实会让学校被淘汰。但事实上，学校能做的事情有很多。

我想到的一件事是为她提供严肃的技术教育，这一点在本书后面会有所提及，这与指导如何使用计算机处理信息完全不同。在我看来，使用计算机处理信息是一件微不足道的事情，原因有二。首先，大约有3500万人在没有学校指导的情况下已经学会了如何使用计算机。如果学校什么都不做，在未来十年内，大多数人还是会知道如何使用计算机，就像大多数人没有通过学校教学也学会了驾驶汽车一样。其次，就像计算机、电视和其他重要技术一样，关于汽车我们需要了解的，不是如何使用它们，而是**它们**如何使用我们。就汽车而言，我们在20世纪初需要考虑的不是如何驾驶它们，而是它们会对我们的空气、我们的景观、我们的社会关系、我们的家庭生活以及我们的城市造成什么影响。假设在1946年电视机开始进入千家万户时，我们就已经开始思考如何解决电视带来的类似问题："它会对我们的政治机构、我们的心理习惯、我们的孩子、我们的宗教观念、我们的经济产生什么影响？"那么，我们今天是不是可以更好地控制电视对美国文化的大规模冲击？

我这里说的是要让技术本身成为探究的对象，只有这样，小伊娃和小约翰在使用技术时才不会被技术利用或滥用，他们会把更多的注意力放在就计算机本身提出问题上，而不是从它那里获得答案。

我并不是反对在学校里使用计算机，我反对的是我们对计算机毫无戒备的态度，反对让它分散我们对更重要事情的注意力，反对把它奉为神明。这正是西奥多·罗萨克在《信息崇拜》中所警告的，他写道："像所有的邪教一样，这个邪教要的是人们盲目的忠诚和顺从。一些人根本不知道信息是什么，也不知道自己为什么需要那么多信息，但他们愿意相信我们生活在一个信息时代，这使得我们身边每一台计算机的重要性都变得像耶稣殉难的十字架遗迹在中世纪获得的地位一样：成为救赎的象征。”[1]对此，我想补充一下苹果计算机公司艾伦·凯[2]的高见。凯在很多方面影响了个人计算机的发明，当然也对在学校中使用计算机很感兴趣。然而，他曾多次表示，那些在没有计算机时学校无法解决的问题，有了计算机之后也无法解决。那么有哪些问题属于这种情况呢？例如，我们有一个传统的任务，那就是教孩子们如何在群体中表现得体。如果没有学会如何以自律的方式参与到群体中，我们就不可能拥有民主文明的群体生活。人们甚至可以说，学校的本质从来都不是个体的学习。当然，学习的不是群体，而是个体，这话一点也没错。但学校运作的理念是，个体必须在个体需求服从群体利益的环境中学习。课堂与其他大众传媒不同，大众传媒鼓励个体反应，人们是在私下里使用这些传媒，而课堂的目的则是要驯服自我，将个人与他人联系起来，证明群体凝聚力的价值和必要性。目前，在大多数描述孩子们

1 Theodore Roszak，*The Cult of Information: The Folklore of Computers and the True Art of Thinking*，Pantheon，第 x 页。

2 艾伦·凯（Alan Kay），美国计算机科学家，2003 年获得图灵奖。——译者注

使用计算机的场景里，他们都是独自在解决问题。小伊娃、小约翰和其他人都是如此，事实上，他们不需要其他孩子在场。其他人的存在反而会让他们厌烦。（我得说，并不是所有计算机领域有远见的人都不重视让孩子学习如何在群体中驯服自我。西摩·佩珀特[1]的《儿童的机器》〔*The Children's Machine*〕就是一个富有想象力的例子，这本书展示了如何利用计算机来促进社会凝聚力，但就算没有计算机也能达到同样的效果，我曾经跟他这么说过。如我所料，他不同意我的观点。）

然而，就像之前的印刷术一样，计算机强烈倾向于放大个人自主权和个人解决问题能力的重要性。这就是为什么在我们看到的大多数例子里都是儿童在独自使用计算机的画面，这与佩珀特描述的情况恰恰相反。这也是为什么教育工作者必须警惕计算机技术会削弱让孩子聚集在学校的重要理由，在学校里，培养社会凝聚力和责任感至关重要。

虽然拉维奇并不完全反对她所说的“国营学校”，但她认为它们是前技术时代的遗物。她认为，新技术将为所有儿童提供平等的信息获取渠道。拉维奇设想了一个

1　西摩·佩珀特（Seymour Papert，1928—2016），南非裔美国数学家、计算机科学家和教育家，最大的贡献是提出教育构建主义和发明 Logo 编程语言。——译者注

叫小玛丽的孩子，她可能来自比小伊娃更加贫困的家庭。拉维奇想象玛丽将有和伊娃同样的机会“学习任何科目，而且与最富裕社区里的孩子一样，跟着相同的名师学习”[1]。尽管这个设想体现了自由平等的精神，但它忽略了一些东西，这是我们需要牢记的。其中之一是，尽管新技术可以解决学习“学科”的问题，却不利于人们学习被称为“社会价值”的内容，包括对民主程序的理解。如果人们阅读罗伯特·富尔格姆[2]的《我真正需要知道的东西都是在幼儿园学到的》第一章就会发现，里面精炼地总结了拉维奇描述的场景中遗漏的一些东西，包括以下需要学习的东西：分享一切、公平竞争、不打别人、把东西放回原处、收拾自己的烂摊子、吃饭前洗手，当然，还有用好马桶后要冲水。[3]富尔格姆的想法中唯一有问题的地方是，实际上，没有人能在幼儿园结束时学会所有这些东西。我们有充分的证据表明，这些价值观需要在学校里教很多年才能被接受和内化。这就是为什么让孩子们单独学习

---

1 Ravitch，*The Economist*，第 46 页。

2 罗伯特·富尔格姆（Robert Fulghum），美国作家、哲学家。其著作《我真正需要知道的东西都是在幼儿园学到的》（*All I Really Need to Know I Learned in Kindergarten*）的中译本《受用一生的信条》2011 年由华夏出版社出版。——译者注

3 参见 Robert Fulghum，*All I Ever Really Needed to Know I Learned in Kindergarten*，Villard。（译者按：此处书名有误。）

行不通，重要的是要把他们放在一个强调合作、关注他人感受、富有责任感的环境中。这也是为什么学校要求儿童在特定时间出现在特定地点并遵守特定规则，例如，想发言时要举手，别人说话时不要插嘴，不要嚼口香糖，下课铃声没有响之前不要离开教室，对学习能力欠佳的同学要表现出耐心。这个过程就是在培养文明人。技术之神似乎对学校的这种功能不感兴趣，至少，在列举技术的优点时，是不太会提这些的。

技术之神在其他方面可能也有一两个妙招。人们经常断言，新技术将使富人和穷人获得平等的学习机会。这是我们热切希望的，但我对此表示怀疑。首先，那些研究过技术历史的人都知道，技术变革总是会产生赢家和输家——也就是说，新技术的好处不会在人口中平均分配。这有很多原因，其中包括经济差异。即使是汽车这种大多数人（尽管不是所有的人）都能购买的商品，富人和穷人在可购买的汽车的质量上也有很大的差异。如果计算机技术能在存在经济差异的情况下让所有人实现学习机会均等，那会让人难以置信。小伊娃的父母能够负担得起技术和软件，使她有可能在午夜学习代数，这是让人高兴的事。但小玛丽的父母可能没有这个能力，甚至不知道有这些东西存在。如果我们说学校可以为小玛丽提供技术（至少是在白天），她又可能会缺少其他一些东西——例如父母。我面前有一份由国家贫困儿童中心提供的 1994 年卡内基基金会报告，该报告指出，1960 年，美国只有 5% 的孩子是由未婚母亲所生，1990 年，这个数字上升到 28%。1960 年，美国三岁以下的儿童中有 7% 生活在单亲家庭，1990 年，这个比例是 27%。1960 年，美国十八岁以下的孩子中不到 1% 的人经历过父母离婚，1990 年，这一数字几乎达到了 50%。[1]

事实证明，小玛丽可能和小伊娃一样经常失眠，但并不是因为她想在代数课上超过别人。她失眠也许是因为她不知道她的爸爸是谁，或者，她知道自己的爸爸是谁，但想知道他在哪里。现在我们或许可以理解为什么麦金托什书里的小伙子会对现实世界感到厌倦了。或者，是现实世界让他感到困惑？让他害怕？是否有教育家真的相信新技术可以解决这些问题？

当然，我并不是说学校可以解决贫穷、人际疏离和家庭破裂这些问题，但学校可以**应对**这些问题。学校可以做到这一点，是因为学校里有人，因为这些人关心的不仅仅是代数课或日本现代史，因为这些人不仅能识别一个人在代数方面的能力水平，还能识别一个人愤怒、困惑和抑郁的程度。我在这里说的是真正出现在我们身边

---

1 *New York Times*，1994 年 4 月 12 日，A13 版。

的孩子，而不是那些为了展示计算机能如何丰富生活而被虚构出来的孩子。当然，我认为有可能会有这样的孩子，他们半夜醒来想要学习代数，或者对这个世界特别感兴趣，因此渴望了解日本。如果有这样的孩子，而且我们也希望有这样的孩子，他们不需要昂贵的电脑来满足对知识的渴望。不管有没有电脑，他们都可以学习——当然，除非他们不关心别人，或者没有朋友，或者不尊重民主，或者对那些和他们不一样的人充满了怀疑。如果有一天我们有了知道如何处理这些问题的机器，我们就可以不用再花很多钱在学校上，或者就可以把教师的职能降为教人如何使用机器的“教练”（正如拉维奇设想的那样）。不过在那之前，我们必须对这个技术之神慎之又慎，千万不要把希望寄托在它身上。

我认为，我们也必须对那些怀着美好愿望寻找技术万灵药的人表示理解。我自己也是一名教师，深知要培养一个文明人有多么困难。我们能责怪那些想通过技术找到捷径的人吗？也许不能。毕竟，人们一直都在寻找这样的捷径。早在1918年，H. L. 门肯[1]（虽然他完全不赞成这些人的做法）写道：“……没有哪一种万灵药会愚蠢到让一些学校校长一眼识破故而拒绝吞服。其目的似

1 H. L. 门肯（H. L. Mencken，1880—1956），美国记者、讽刺家和文化评论家。——译者注

乎是要把整个教学过程简化成一种自动反应的过程，发现某种万能公式，让它不仅取代教师的能力和智慧，而且还要在孩子身上创造出一种虚假的接受能力。”[1]

门肯说的不一定是技术万灵药，但也可能说的就是它。在20世纪20年代初，一位教师写了下面这首诗：

爱迪生先生说
收音机将取代教师。
人们已经可以通过留声机
学习各种语言。
收音机无法传达的东西
电影将它视觉化。
教师将会被发配到偏远的乡村
与老式马拉消防车
和长发女人[2]为伴，
或者，也许展示在博物馆里。
教育将成为
一个揿揿按钮的工作。

---

1 H. L. Mencken，*A Mencken Chrestomathy*，The Franklin Library，第334页。

2 在20世纪早期，头发过长通常被视为不道德，而从事教师职业的女性通常被期望保持一种传统、文雅的形象，例如束发等。——译者注或许我可以找一个接线员的职位。[1]

我不需要去追溯收音机和留声机的历史了，但我这个年纪的人都记得16毫米胶片曾经是万灵药，然后是闭路电视，然后是8毫米胶片[2]，然后是“防教师教科书”[3]，现在轮到了计算机。

我一眼就能看出那是一个假神灵。

最近还有一个假神灵浮出了水面，我们决不能忽视它。就像经济效用之神、消费之神和技术之神一样，这个假神把我们引向了一个死胡同。但是与它们不同的是，它不仅仅是歪曲或轻视公共教育的理念，它将我们引向公共教育的末路。

这个神灵有几个名字：部落主义之神或分离主义之神，而在大多数情况下，它有一个最热情澎湃的名字——多元文化主义之神。在谈论这个问题之前，我应该说明，

---

1 转引自 Larry Cuban，*Teachers and Machines: The Classroom Use of Technology Since 1920*，Teachers College Press，第5页。

2 16毫米胶片比8毫米胶片质量好，前者通常用于商业电影制作，后者通常用于拍摄家庭影片。——译者注

3 “防教师教科书”（teacherproof textbooks），其设计目标是使学生能够独立学习，自己解释材料，从而减少对教师的依赖以及教师在使用课本过程中的个人因素。——译者注

我们不能把它与所谓的“文化多元主义”相混淆。文化多元主义是一个有七十年历史的概念，其目的是扩大和丰富美国信条——具体来说，就是向年轻人展示他们的部落身份和叙事可以如何融入一个更加包容和全面的美国故事中。“多元文化主义”这个词有时被用作“文化多元主义”的同义词，在这种情况下，我们面临的是一个语义问题，可以比较容易地澄清。但更多时候，这个词被用来表示一个完全不同的故事。它的极端形式就是我在这里要面对的这个神灵，我认为它是文化多元主义走火入魔之后的变种，当然是极其危险的。在下文中，我要给“多元文化主义”这个词打上引号，我想表达的是，我并不反对承认学生之间的文化差异，使用这个词是特指一种过分强调文化多样性而排斥其他视角的叙事。

虽然这个神灵不像我讨论的其他神灵那样被广泛接受，但有几个州（如纽约州和俄勒冈州）已经深受其影响，并积极敦促围绕这个神灵来组织学校教育。由于人们对“多元文化主义”的兴趣不断加强，也由于其追随者表现出来的热情，其危险性已经促使杰出的历史学家小阿瑟·施莱辛格（Arthur Schlesinger, Jr.）写出《美国的分裂：对多元文化社会的思考》（*The Disuniting of America: Reflections on a Multicultural Society*）对它进行驳斥。虽然我相信，施莱辛格的书将成为对“多元文化主义”的决定性批判，但有一点他强调得还不够，要对这种倒退到纯粹部落主义的现象进行任何讨论，就必须从这一点开始。我所说的是，那些主张“多元文化”课程的人，特别是那些为非洲中心主义辩护的人，比大多数人都明白（当然比美国教育部部长更明白），他们需要一个可以侍奉的神灵。他们明白学生士气低落、百无聊赖、心烦意乱的原因不是因为教师缺乏有趣的方法和机器，而是因为学生和教师都缺乏一种能够为课程提供深刻意义的叙事。如果我们说，“多元文化主义者”是目前最活跃、最敬业的教育哲学家，这么说一点都不为过。他们对方法或机器并不特别感兴趣，而且，一般来说，他们并没有能力谈论这些问题。但他们会讲故事，他们相信他们的故事可以作为学校教育的基础。问题是，这是一个危害性极大的故事，至少对公立学校来说是如此。

像许多重要的叙事一样，这个叙事里有善恶的概念。在其最可怕的版本中，邪恶存在于白人身上，特别是那些有欧洲血统和学识的人；善良存在于非白人身上，特别是那些“白人霸权的受害者”。至少有一位“多元文化主义者”，即纽约市立学院的莱昂纳德·杰弗里斯（Leonard Jeffries）教授，对这些问题从生物学角度进行了解释。他认为，善与恶的品质是由不同种族血液中的黑色素数量决定的：黑色素越多，就越善良；黑色素越少，就越邪恶。我们可以说这相当于基督教故事中的“原罪”概念，但有以下区别：基督教的故事提供了一种可以克服原罪的方法，而在杰弗里斯关于邪恶之源的描述中，根本没有可以赎罪的机会。

当然，许多“多元文化主义”的追随者并不同意杰弗里斯的观点，而且说到底，相信欧洲白人是邪恶的并不需要有生物学基础。他们认为，历史已经提供了充分的理由，特别是白人压迫非白人的事实。对“多元文化主义者”来说，这种压迫是理解白人的历史、文学、艺术和其他大多数源于欧洲的事物的关键。因此，所有欧洲白人的叙事都将被视为掩盖其罪恶的宣传手段，或者，更糟糕的是，这些叙事把他们的恶行变成善行。“多元文化主义者”认为，除非推翻欧洲白人的叙事，否则世界就不可能以公平的方式发展。来自纽约州罗切斯特学区的四位作者特别强烈地表达了这一观点：“在当前这场关于何为‘标准’学校知识的辩论中，主导地位的合法化、不平等现象的自然化以及知识的选择过滤遭到了质疑。在这场辩论中，最重要的是以下三个方面的斗争：是实事求是还是歪曲事实、是要解放性的学术研究还是要霸权性的学术研究、是要人为地构建西方文化知识在学校里的优越性还是要强调知识的多样性和集体性来源具有固有的重要性。”[1]

如果我们撇开诸如“解放性的学术研究”和“固有的重要性”这些模糊甚至不可理解的表达不谈，很显然，作者认为学校是为新叙事而战的战场。他们通过这段文字得出结论，认为欧洲中心主义的知识必须被取代，因为“这种单一视角的课程设置是白人、父权制、统治阶级霸权最后的制度性领地之一”。

这显然不是“文化多元主义”的语言，它的目标之一是要歌颂非白人的斗争和成就，让这些成为人类故事的一部分。事实上，这些作者明确谴责把弗雷德里克·道格拉斯[2]、哈丽雅特·塔布曼[3]、克里斯珀斯·阿特克斯[4]和马丁·路德·金等人物“英雄化”（这是他们的说法）的做法。他们认为，“英雄化”的做法掩盖了“[奴隶制的]实施者犯下大屠杀暴行、获得经济利益、没有人性”的

---

1 Warren Crichlow 等，“Multicultural Ways of Knowing: Implications for Practice”, *Journal of Education*，第 172 卷，1990 年第 2 期，第 102 页。

2 弗雷德里克·道格拉斯（Frederick Douglass，1818—1895），19 世纪美国废奴运动领袖。——译者注

3 哈丽雅特·塔布曼（Harriet Tubman，约 1820—1913），美国废奴主义和女权主义者。她本人就是一个逃跑的奴隶，帮助许多黑奴逃走，被称为“黑摩西”或“摩西祖母”。——译者注

4 克里斯珀斯·阿特克斯（Crispus Attucks，约 1723—1770），土著万帕诺亚格人和黑人的混血后裔，被认为是在波士顿惨案中第一个被英军枪杀的美国人。——译者注

事实。很明显，“多元文化主义”的目的不是要与欧洲中心主义的历史和知识体系和解，而是要彻底摒弃它，这样就可以有一个新的开始，构建一种新的叙事。

为了实现这一目标，“多元文化主义者”必须做两件事。首先，他们必须揭露并强调那些通常被排除在各种欧洲中心主义叙事之外的丑陋历史。第二，他们必须表明，这些叙事中更有人性的部分来源于非白种人文化。

他们的第一项任务比较容易完成，因为所有的叙事都掩盖或净化了不光彩的甚至是不可原谅的章节。但我们要知道，叙事并不完全是历史，而是一种特殊的讲故事的体裁，用历史来表达理想。克洛德·列维–斯特劳斯[1]提醒我们说：“神话的目的是提供一个能够克服矛盾的模式。”[2]这就是为什么揭露某位教皇是个野心勃勃、不择手段的阴谋家，并不会对基督教的伟大故事造成严重伤害，谈论宗教裁判所也不会产生毁灭性后果。现实生活中从来没有一个基督徒始终如一地过着基督徒生活，即使是圣方济各或特蕾萨修女也不例外。基督教的故事只有一部分是基督徒的历史，它在很大程度上讲的是人们为追

---

1 克洛德·列维–斯特劳斯（Claude Levi-Strauss，1908—2009），法国作家、哲学家、人类学家，代表作有《忧郁的热带》《结构人类学》等。——译者注

2 Claude Lévi-Strauss，“The Structure of Myth”，*The Structural Anthropology*，University of Chicago Press，第 119 页。

求一系列超验理想而艰苦斗争的故事。他们一路上跌跌撞撞令人尴尬，有时甚至是令人羞耻的，但这并不影响这个故事想要表达的东西，事实上这个故事讲的就是现实和理想之间的差异。

美国的民主故事也是如此。宪法在制定之时不允许妇女和非财产所有者参加选举投票，并且不把奴隶完全当作人来对待。指出这一点并不是要嘲笑这个故事。这个故事的主题是自由和人性这两个概念的逐渐扩展，而这往往是个痛苦的过程。宪法的制定，包括《宪法》撰写者本身的局限性，只是这段长达两百年的叙事的早期篇章。亚伯拉罕·林肯在1856年对“一无所知党”[1]参加总统竞选做出回应时表达了这一斗争是多么艰难。他讽刺地说：“在我看来，我们在堕落方面的进展真是相当迅速。作为一个国家，我们一开始就宣称‘人人生而平等’，而现在我们实际上把它解读为‘人人生而平等，**除了黑人**’。如果一无所知党人取得控制权，这句话就会变成‘人人生而平等，除了黑人、外国人和天主教徒’。”[2]

---

1 “一无所知党”（Know-Nothing Party），19世纪50年代美国的一个本土主义政党，其成员在被外界询问具体情况时，必须说“我一无所知”。其宗旨是排外主义，竭力保障土生土长的基督教新教徒的利益。——译者注

2 Arthur Schlesinger, Jr.，*The Disuniting of America*，Norton，第29—30页。

虽然那些一无所知者没有得到控制权，但我们知道，为了阻止这种堕落付出了怎样的代价，我们是如何继续沿着杰斐逊描绘的道路前进的。一些人因为没有得到充分代表而满腹牢骚，这足以说明我们远未达到目标，这些人也包括“多元文化主义者”。但问题是，如果无视其超验理想，就有可能把美国故事说成是一部种族主义、不平等和暴力的历史。我们希望这个故事成为美国公立学校教育的基础吗？如果答案是肯定的，因为这个故事里有真相,我们就必须转向“多元文化主义者”的第二项任务，看看他们最关心的是不是讲真话。他们的这项任务是要表明，欧洲中心主义叙事中更有人性的那部分来源于非白人文化。施莱辛格的书记录了“多元文化主义者”的失败，他们连真相的边都没沾上。他指出，根据那些受人尊敬的历史学家的研究，其中不乏黑人历史学家，大多数“多元文化主义者”的主张都是宣传性的幻想，例如，他们说：黑色非洲是科学、哲学、宗教、医学、技术和其他伟大人文成就的发源地；古埃及人是黑人；毕达哥拉斯和亚里士多德是从埃及的黑人学者那里窃取了数学和哲学；大多数美国黑人起源于埃及；美国宪法中关于民主、自由和个人权利原则的部分在某种程度上是基于从易洛魁人那里借用的政治原则。施莱辛格对这些说法反映出的滥用历史感到非常沮丧，他得出结论说:“如果三 K 党[1]的某个头目想设计一个教育课程，以达到阻碍和削弱美国黑人发展的目的，他不可能想出比非洲中心主义更有效的东西了，但这也是最邪恶的。”[2]

人们可能会回应施莱辛格说，这里的问题既不是历史公正问题，也不是历史真相问题，而是要试图创造一种新的叙事，其观点和方法类似于美国殖民者构建其神话的过程。在他们的神话中，清教徒前辈移民是我们这个民主国家的建设者。为了讲好这个故事,他们利用历史、编造历史或忘记历史。正如我们所知，这个故事取得了巨大成功。美国人知道迈尔斯·斯坦迪什[3]，但不知道斯匡托[4]和维图瓦马特[5]。美国人庆祝甚至赞美感恩节,但他们不知道（或者即使知道也不会太在意）一些印第安人把感恩节称为全国哀悼日。

当然，质疑任何一种叙事里有多少事实或谎言并非

---

1 三 K 党（Ku Klux Klan），美国历史上的一个恐怖主义民间团体，奉行白人至上的种族主义。——译者注

2 Arthur Schlesinger, Jr.，*The Disuniting of America*，第 94 页。

3 迈尔斯·斯坦迪什（Miles Standish，约 1584—1656），英国军官和殖民者。——译者注

4 斯匡托（Squanto），美洲原住民和“五月花号”清教徒移民之间的早期联络人，教会了移民捕鱼、种植等生存技能。——译者注

5 维图瓦马特（Wituwamet），被英国军官斯坦迪什砍头的印第安人。——译者注

无关紧要。一个主要由谎言构成的叙事通常都会失败，让其追随者陷于痛苦之中，而且正如施莱辛格提醒我们的那样，会让他们无知。但是，即使我们非常大度地认为构成“多元文化”故事的核心部分中有很多事实，我们还是会有这样的疑问：这样的故事有用吗？

我认为没用，原因有几个。第一个原因是很实际的。对大多有着欧洲血统的公众来说，他们为什么要去支持以自己的罪恶为主题的学校课程呢？有色人种会支持以“有色人种低人一等”的假设为前提的公立学校课程吗？如果“多元文化主义者”回答说，这正是大多数学校的实际情况，那么补救措施就是改写故事，这样才能让所有种族的孩子在故事里给自己找到有尊严的位置。确实，白人压迫过黑人，但黑人也压迫过其他黑人，甚至压迫过白人；白人也压迫过其他白人；印第安人屠杀过白人，白人屠杀过印第安人；欧洲人压迫过亚洲人，亚洲人压迫过欧洲人。这笔账要算到什么时候才能算完？

请允许我把前面引用过的尼尔斯·玻尔的话修改一下：与一个深刻的故事相反的是另一个深刻的故事。我的意思是，每个群体的故事都可以用鼓舞人心的方式来讲述，不要对它的瑕疵避而不谈，但要强调为实现人性而进行的各种斗争，或者，再次借用林肯的话，这些斗争的目的是揭示世界上有更美好的天使存在。这就是文化多元主义曾经想表达的意思。

有时候我们会听到这样的观点：在我们的大城市里，整个学生群体都是非洲裔美国人（或墨西哥人或波多黎各人），在这种情况下，“多元文化”课程就是合理的。如果公立学校的任务是要创造出一个由带连字符的美国人[1]组成的公众，这么做也许是有道理的。但是，我们的学生来上学时就已经是带连字符的美国人，对公立学校来说，它们的任务应该是要消除这个连字符，或使其不那么明显。公立学校的理念不是要让黑人成为黑人，韩国人成为韩国人，意大利人成为意大利人，而是要让他们都成为美国人。很明显,另一种选择导致了公立学校的“巴尔干化”[2]——也就是说,导致了它们的终结。为非洲裔美国人开设非洲中心主义的课程？那为什么不为中国人开设中国中心主义的课程？为意大利人开设意大利中心主义的课程？为犹太人开设犹太中心主义的课程？为德国人开设德国中心主义的课程？为希腊人开设希腊中心主义的课程？

这条道路不仅导致了学校教育的私有化，而且导致

---

1 指的是英语中如“Asian-American”（亚裔美国人）、“African-American”（非洲裔美国人）这样的美国人。——译者注

2 “巴尔干化”（Balkanization），指将一个较大的地区或国家分割成较小的地区或国家，这些地区或国家之间可能相互敌对或不合作。——译者注

了思想的私有化，使得建立公共思想成为不可能完成的任务。其结果是，学校教育的主题将是分裂性，而不是同一性，并将不可避免地制造仇恨。1993年12月，路易斯·法拉汗牧师[1]在麦迪逊广场花园发表演讲，在演讲中他提到几天前一位年轻的非洲裔美国人因在长岛铁路上枪杀乘客而被捕。大多数受害者是白人，还有一些是亚洲人。虽然没有证据表明法拉汗当时是否怂恿了听众，但听众中的一些人听到这个消息后开始喝彩，我们不知道这些人是在为这个年轻人喝彩还是为他的行为喝彩。人们可以把这种反应解释为非洲裔美国人对欧洲文化的普遍愤怒情绪。如果是这样的话，那么公立学校的作用肯定不是要激化这种情绪，而是要帮助提供一个理智的替代方案。

---

1 路易斯·法拉汗（Louis Farrakhan），美国宗教领袖，黑人至上主义者。——译者注

第四章　可能奏效的诸神

是谁写了年轻姑娘们爱唱的歌？是谁写了老人们讲述的故事？是谁创造了种种神话，把一个民族团结在一起，并让公共教育的理念获得了目的和意义？在美国，是广告商，当然还有流行音乐家和电影制片人，也许甚至是聚集在贝弗利山庄[1]游泳池旁那些成功但浅薄的人，他们编造着被我们称为“电视情景喜剧”的故事。

这个名单还可以继续罗列下去，但教师并不在其中。首先必须明确的是，建立学校的目的不是为了创造有说服力、能鼓舞人心的叙事，也从没有人这样做。学校收集各种叙事，加以阐述、传播和美化；有时学校也会反

1　贝弗利山庄（Beverly Hills），美国洛杉矶市内最有名的城中城，有全球最高档的商业街，云集了好莱坞影星们的众多豪宅，也是世界影坛的圣地。——译者注

驳这些叙事，嘲笑它们或忽视它们，但学校什么都不创造，我想它们本该如此。正如那些想把学校教育私有化的人指出的那样，我们的公立学校是国家管理的机构，没有权利擅自重新构建社会，不能允许或鼓励它们去倡导一种在整个社会中不能引起共鸣的世界观。他们这么说是正确的。我们可以说，学校是社会信念的镜子，把公民放在它面前的东西反射给他们。但镜子并不固定在一个位置，它可以上下左右地移动，因此，在不同的时间和不同的地点，它会反射某一种东西，而不是另一种。但无论如何，它们总是反射某种**现成的**东西，这种东西不是学校发明出来的，而是来自为学校提供经费并利用它们达到各种目的的社会。这就是为什么经济效用之神、消费之神、技术之神和分离主义之神现在会出现在我们的学校里，它们施展影响力，要求人们效忠。它们是来自教室墙外的神灵。

所有这些一定是显而易见的，有读者很可能会问，作为《教学：一种颠覆性的活动》（*Teaching as a Subversive Activity*）一书的合著者，你是什么时候才明白这些的？正如约瑟夫·海勒[1]可能说的那样，我从来就

1 约瑟夫·海勒（Joseph Heller，1923—1999），美国黑色幽默派代表作家，著有《第二十二条军规》。他在该书中使用双重否定作为语言游戏来说明战争的混乱和荒谬。——译者注

没有不明白过。我 1969 年写那本书的时候明白，现在也明白，在社会这样一个符号宇宙中，在任何特定的时间，都存在着多种叙事——有些叙事位于最前沿，熠熠生辉，生动而明确；有些叙事隐身在幕后，模糊不清，让人无法牢记；有些叙事处于沉睡之中，有的最近才被唤醒，还有许多令人不安地与其他叙事相冲突。如果一个作者想把教学定义为一种颠覆性的活动，他并不是要创造什么神灵，而只是在呼吁让一个神灵优先于另一个神灵。因为在这种情况下，我们的公民相信，学校教育之所以存在，是因为两个相互矛盾的理由。一个理由是，学校必须教导年轻人接受世界的现状，接受他们所在文化中的一切规则、要求、限制甚至偏见。另一个理由是，学校应该教育年轻人成为具有批判精神的思想家，使他们成为具有独立思想的男人和女人，与他们所在时代的常规智慧保持距离，并有足够的力量和技能来改变现状。

这些信念中的每一个都构成了一个独特的叙事，讲述了作为人意味着什么，作为公民意味着什么，拥有智慧意味着什么，而所有这些叙事都可以在美国的传统中找到。一个作者完全可以认为，根据某一特定时期的需要，一种叙事必须服从于另一种叙事，有时则是反过来。这就是为什么我在与人合著了《教学：一种颠覆性的活动》之后，又写了《教学：一种保护性的活动》

（*Teaching as a Conserving Activity*）。

如今的问题依然是：现在我们需要什么？从本书的标题开始，我的论点就是，作为我们目前学校教育理念基础的叙事并不能很好地为我们服务，这也许会导致公立学校教育的终结——这里的“终结”是指公立学校教育转向私有化教育（正如亨利·珀金森[1]在其《不完美的灵丹妙药》的修订版中预测的那样）或从属于被个人控制的技术（如刘易斯·佩雷尔曼在《学校出局》中预测的那样）。还有一个可能，学校教育会被公司接管（像克里斯托弗·惠特尔提议的那样），并完全按照与市场经济相关的原则运作。

上面的任何一个方案或所有方案都可能成为现实，但本书对这些都不感兴趣，包括西摩·弗利格尔（Seymour Fliegel，在他的《东哈莱姆区的奇迹》〔*Miracle in East Harlem*〕一书中）倡导的自由选择公立学校的方案。这些方案从本质上来说都是技术性的，都是关于如何以实用有效的方法提供学校服务。它们很重要，但几乎都没有触及本质——学校要派什么用场？家长能不能选择学校，学校的规模是否可以小一些，班级人数是否可以少一些，

1 亨利·珀金森（Henry Perkinson，1930—2012），美国教育家，纽约大学历史学名誉教授，著有《不完美的灵丹妙药：美国的教育信仰》（*The Imperfect Panacea: American Faith in Education*）。——译者注

学校是否有足够的资金来雇用更多的老师，一些学生是否可以获得公共资金去上私立学校，这些问题当然都很重要。但是，我们是不是要先回答一个问题：**为什么要做这些**？所有这些喧哗和骚动，所有这些花费，到底是为了什么？请允许我打一个比方，我们可以让火车准时运行，但如果它并不开往我们希望它去的地方，那又有什么用呢？

我在这里打算用五种叙事提供一个答案，这些叙事不管是单独还是放在一起看，都能产生足够的共鸣和力量，可以作为学校教育存在的理由，得到认真对待。我认为，这些叙事能够提供道德指导，让人对生活产生连续感，它们可以解释过去，阐明现实，并让我们对未来充满希望。在公立学校教育的背景下，它们是我能想象的最具超验感的叙事。

当然，我知道，我提出的想法有些妄自尊大，这么说已经算客气了。因为我提出的想法不仅要激励我自己，而且还要能够激励年轻人、他们的老师和他们的父母。我自己的情感和思想，我当然很了解。但我能说我对所有同胞的情感和思想都同样了解吗？我不能确定。谁能确定呢？但我并不是在胡乱猜测的状态下提出这些叙事的。例如，我已经在几十个地方，在不同的人身上检验过这些想法，包括俄勒冈州至康涅狄格州范围内的家长和教师，包括从文法学校到大学各个阶段的学生。我认真倾听他们说了什么，也同样认真地去了解他们没有说出来的话。我以前也写过这些想法，这让我有机会从读者来信中了解他们支持和反对这些想法的理由。在过去的三十年里，我满怀关切地批评美国人的偏见、品味和神经质，然后又惊又喜地发现，我批评的这些东西大部分在我身上也都有。我这样说并不是说我有资格替美国人说话，我只是有资格谈论他们而已。我也从我在欧洲做的许多讲座中获得了做出这些判断的信心，我发现，而且是毫不惊讶地发现，亚历克西斯·德·托克维尔说得一点没错：美国人与其他人不同——在某些方面更好，在某些方面更坏——总之就是不同。当一个人身处异国他乡时，这些差异就会表现得格外明显。

我提到这一切，并不是为了证明我的建议有多么合理，而是为了确保这些建议是建立在准确理解它们的目标对象之上的。我认为我知道哪些神灵在美国是可行的，哪些神灵是不可行的。否则，就没有继续讨论下去的意义了。

如果你认为下文的内容不现实、不深刻或不正确，那么本书的第二部分就会毫无意义。但如果你同意这些想法能带领我们朝着正确的方向前进，第二部分将提供具体的例子，说明人们如何将这些想法付诸实施，以及这样做的意义。我在第二部分中将提供很多细节，所以在接下来的这部分里，我对各种叙事的描述就尽可能简短。这些叙事其实没有任何令人惊讶之处，每一个都是我们的符号景观（symbolic landscape）中的一部分。我们谈论它们，对它们感到好奇。我们有时会忘记它们的存在，但它们就在那里，问题是，我们能否利用它们来为学校教育提供一个存在的目的？

地球飞船

不久前，我与马文·明斯基[1]进行过一次长时间的交谈，这位杰出的科学家因积极倡导“人工智能”而闻名遐迩（有人说他是臭名远扬）。[2]在谈到他丰富的想象力从何而来时，明斯基提到了几个科幻作家对他思想的影响，并说科幻作家是我们真正的哲学家。在一份相当长的名单里，他没有把玛丽·雪莱（《弗兰肯斯坦》）、奥尔德斯·赫胥黎（《美丽新世界》）、乔治·奥威尔（《一九八四》）和雷·布拉德伯里（《华氏451》）包括在内，我认为他这

1 马文·明斯基（Marvin Minsky，1927—2016），美国科学家，麻省理工学院AI实验室的创始人之一，主要研究人工智能，1969年获得图灵奖。——译者注

2 这场对话的大部分内容以德语刊于 *Über Morgen: Das Magazin Für Reise in Die Zukunft*，1994年夏，第12—14页。

么做是有特殊意义的。我将在后面谈到这些悲观的哲学家，但明斯基肯定有他的道理，我希望通过聚焦所有科幻哲学家中最受欢迎的史蒂文·斯皮尔伯格来继续讨论明斯基的用意。斯皮尔伯格能够表现出那些特别能引起年轻人强烈共鸣的神话，他在这方面的能力几乎堪比荷马。我暂且不说《侏罗纪公园》(该片将他与《弗兰肯斯坦》的传统联系起来)和《辛德勒的名单》(他在该片中完全放弃了预言未来的传统)，我想说的是《第三类接触》和《E.T. 外星人》，这两部电影都希望我们相信我们并不是这个宇宙中唯一的人类。也许是，也许不是；最有可能的是，我们永远不会知道答案。但他的故事清楚地表明，无论是从象征意义还是字面意义理解，地球就是一艘宇宙飞船，我们是它的船员。

这绝不是他原创的想法，但是，与 H. G. 威尔斯或儒勒·凡尔纳等人不同的是，斯皮尔伯格将这一想法以一种几近宗教的形式提出来，或者至少可以说是在精神层面提出来；也就是说，他并不只是激发我们对我们的"地球飞船"的想象，他还要求我们对它承担起道德义务。任何与年轻人讨论过这两部电影中其中一部的人都会知道，这些年轻人是多么清楚地感受到自己身上的责任，他们对"我们不能再把地球的安宁看作是天经地义的"这一观点的情感反应是多么深刻。

在这里，我们有一个具有非凡潜力的叙事：在这个故事里，人类是地球的管家，是这个脆弱太空舱的守护者。这是一个相对较新的叙事，还没有充分展开，充满了不确定性，甚至充满了矛盾。（例如，我对是否要提及《星际迷航》中“企业号”星际飞船这一形象犹豫不决，因为它虽然富有戏剧性的吸引力，但柯克船长本质上是一个仁慈的暴君，他拒绝让民主成为适当的社会组织形式渗透进宇宙这个“人类最后的边疆”[1]。）尽管如此，地球飞船的故事具有将人们团结在一起的力量，它使种族主义的想法变得既无关紧要又荒谬可笑，并清楚地表明人类需要相互依存，必须团结一心。如果飞船的任何部分遭到破坏，倒霉的是所有人——这就是说，热带雨林的消亡不是一个巴西问题；海洋污染不是一个迈阿密问题；臭氧层空洞不是一个澳大利亚问题。同理，种族灭绝当然不是一个波黑问题，饥饿不是一个索马里问题。约翰·多恩写道：“不要问丧钟为谁而鸣，它就为你而鸣！”如果说有一种叙事可以激活这一想法，那么把地球作为我们唯一的宇宙飞船就是这样的叙事。

此外，我几乎不需要指出，这种形式的全球意识不会与任何传统宗教信仰产生重大冲突。我不知道会有哪

1 “宇宙，人类最后的边疆”出自《星际迷航》。——译者注

位神灵愿意让地球毁灭，或者说，会愿意让城市解体，让持有不同观点的人之间产生敌意。一个人可以是基督徒、道教徒、犹太教徒或佛教徒，但都可以真心诚意地把保护地球作为己任。同样，地球是宇宙飞船的故事与民族或部落故事并不冲突，它并不要求人们放弃甚至漠视自己对国家、地区或部落的忠诚。一个人可以是美国人，或者挪威人，或者法国人，也可以是一个拉普人，在不牺牲自己身份的情况下，完全可以同时承担起地球守护者的角色，扩展自己的身份认同。

我们是可以做到这一点的，除非我们对竞争性叙事有执念，认定自己的国家是天底下最重要的国家。就在我写这本书的时候，佛罗里达州至少有一个学校教育系统接受了这样的叙事，要求教师和学生相信美国比其他任何国家都要优越——他们假定美国在所有方面都优于其他国家。纽约市也提出了类似的叙事（但目前没有被接受）。这种想法让人想起《白雪公主与七个小矮人》中的王后，她为了让自己确信自己拥有绝世美貌，每天近乎绝望地问："镜子，墙上的镜子，谁是这世上最美丽的人？"故事中的镜子说了实话，结果让可怜的白雪公主身陷危险之中。如果我们要求孩子们就国家地位提出相同的问题，而且事先把他们面前的镜子设置好，让它总是回答"美国，是美国"，这种强加到孩子们身上的负担是很可怕的。这样的故事除了是在歪曲美国信条，同时也说明一些人为了追求某种重要叙事已经不择手段，对构思这种故事的人我们必须表示同情。然而，令人怀疑的是，这些迷失方向的故事作者是否能接受“地球是宇宙飞船”的叙事。不过我还是相信，很多人都能接受，因为能接受这个想法的时代已经到来。这是一个关于相互依存和全球合作的故事，是一个关于什么是人性本质的故事；这是一个认为浪费和冷漠是罪恶的故事，是一个憧憬未来、不负当下的故事。在这个故事中，如果学生问:“镜子，墙上的镜子，谁是我们当中最美的人？”镜子会回答说:“这是个非常愚蠢的问题。难道你们没有注意到你们都在同一艘船上，必须相互依赖才能生存，而你们却没有好好照顾自己的家园吗？”

堕落天使

我在这里使用了一个宗教隐喻，是为了强调我将描述的不仅仅是一种方法或一种认识论，而是一种叙事，是一种几乎所有人都接受的叙事。这个在不同地方以不同形式讲述的故事本质上是一种宗教思想，我相信这一事实本身不会让任何人反感。大多数严肃的叙事都植根于某种精神理念或形而上学的思想，甚至是那些对形而上学持怀疑态度的叙事，例如归纳科学，也是如此。事实上，正如我马上就要说的，科学比任何其他信仰系统都更加笃信堕落天使的故事。

故事是这样的：如果说完美这种东西存在于宇宙的某个地方，那么它应该存在于上帝或诸神身上。曾经，人类是完美的，但在某个时刻，由于各种原因，他们的能力被削弱了，所以他们必须永远生活在有缺陷的理解状态中。说实话，如果我们认为自己如上帝一般神圣，或者认为自己是完美的，那我们就犯下了我们能够犯的最严重的罪。希腊人称这种罪为“狂妄”,基督徒称之为“骄傲”，科学家称之为“教条主义”。

这个故事的主题是，人类会犯错，一直如此。犯错是我们的天性。我们几乎无时无刻不在犯错。奥利弗·克伦威尔恳切地说：“我以耶稣的爱恳求你，请想一想，你可能是错的。”[1] 堕落天使中“堕落”的含义是，我们也许会犯错，我们可能就是错了；“天使”的含义是，只要我们不狂妄、不骄傲、不教条，只要我们能接受我们作为容易犯错的物种存在于宇宙中这一事实，我们就能够纠正我们的错误。这就是我们可能得到救赎的方法：要意

---

1 这句话出自英国资产阶级革命时期主要政治领导人奥利弗·克伦威尔（Oliver Cromwell，1599—1658）1650 年写给苏格兰教会大会的一封信。——译者注

识到我们不知道全部真理，也不可能全部知道，通过丢弃那些我们知道是错误的东西，一寸一寸地走向真理，然后又看着真理越离越远。这确实是一个悲伤的故事，西西弗斯的神话、约伯的故事[1]以及全世界数十个其他故事无不表达了这种令人悲伤的痛苦。但这也是一个高尚的故事，而且十分有趣，其幽默在下面这句充满智慧的依地语格言中得到了充分表达："人类一思考，上帝就发笑。"这句话清楚地让我们知道了人类的渺小，就像欧玛尔·海亚姆[2]在《鲁拜集》中写下的著名诗句："移动的手指在写字，字成而指移；纵使你虔诚无比，才思过人，也无法让它回头删去半行，你再多的眼泪也无法洗去一字。"这样的斗争仍在继续，不是吗？

关于这种叙事如何改善人类状况的例子，其中最明确、最复杂的当然是科学。这一点几乎不需要特别指出，但问题是，在大众心目中，当然也包括在学校里，大家不是把科学作为一种纠正错误的方法，而是作为终极真理的来源。这种想法本身就是犯下了傲慢之罪，

1 约伯的故事出自《旧约》中的《约伯记》。他是一个富有且虔诚的人，但在一系列不幸的事件中，他失去了所有财产、家人和健康。尽管他的朋友和妻子都试图劝他放弃信仰，但他仍然坚持信仰上帝，并寻求得到上帝的原谅和庇护。——译者注

2 欧玛尔·海亚姆（Omar Khayyam，1048—1122），波斯诗人、数学家、天文学家和哲学家。——译者注

没有哪一个有责任心的科学家会承认自己有这种想法。托马斯·亨利·赫胥黎（Thomas Henry Huxley）曾经写道:“科学方法不过是人类大脑思维时的正常状态。”这就是说，大脑只要在思维就是在运用科学方法，再进一步说，大脑只要在纠正自己的错误就是在运用科学方法。

从这个角度来看，我们也许可以得出这样一个结论:科学不是物理学、生物学或化学,甚至不是一个“学科”，而是从一个更大的叙事中总结出来的道德要求，其目的是让人们在学习时保持客观的视角和公平谦逊的态度。

奇怪的是，有些科学家能接受他们所在“学科”的不确定性，却要顽固地坚守一些社会或政治信条；更奇怪的是，有一些虔诚的人，明明知道自己的缺陷，却仍然相信他们的理解已经深刻到可以洞悉神灵的意志。这里有一个涉及教育核心的未解之谜。我们如何解释人们对确定性的执着追求？这种追求很容易转化为不合宜、缺乏依据而且往往危害极大的教条主义。这是约翰·杜威努力想要解决的问题，这也是伯特兰·罗素和其他几十位现代教育哲学家们想要解决的问题，其中包括那些认为“要教给学生批判性思维”的人，但他们根本不知道该如何去做，也没有考虑过反对者之所以要反对的心理原因。这是雅各布·布罗诺夫斯基在《人类的攀升》中讨论的问题，这个宏大项目包括一个电视系列节目和一本书。尽管布罗诺夫斯基笃信宗教，但他从一开始就放弃了使用宗教隐喻，而是将维尔纳·海森伯的不确定性原理作为一种叙事方式，用以说明所有人类知识都是有限的。该原理指出要想精确测量电子的速度，就会导致其位置的变动，反之亦然，因此我们永远不可能同时知道电子的位置和速度。虽然他指的是亚原子事件，但该原理经常被用来比喻人类所有知识本质上存在的不确定性。但布罗诺夫斯基更喜欢“容差原理”（The Principle of Tolerance）这个短语，因为他说，尽管有些知识是我们可以确定的，但这种知识总是局限于一定的容差——也就是说，局限于某个有限的范围。是的，我们拥有一些知识，但其中大部分是错误的，而取代它们的知识也可能是错误的。即使是那些正确的知识，看上去似乎不需要修正，但它们的使用范围和适用性也是有限的。

在该电视系列节目的最后一集中，布罗诺夫斯基站在奥斯威辛集中营旧址的一个池塘里。奥斯威辛集中营象征的一切让他十分激动，和在他之前的许多人一样，他使用了一个宗教隐喻。他说：“有大约四百万人的骨灰被冲刷进这个池塘里，不是风吹进去的，而是傲慢造成的，是教条主义造成的……当人们相信他们拥有绝对的知识时……他们就会做这样的事。当人们渴望得到诸神的知识时，他们就会做这样的事。”[1]

最后，在回顾了人类为发现知识而奋斗的整个历史之后，布罗诺夫斯基提供了一个经验教训：我们必须摆脱对绝对知识的渴求。如何做到这一点，是个问题。一门“批判性思维”的课程肯定不是答案，增加科学课程的数量更不是答案。德国人曾经拥有世界上最严格的科学课程，但他们培养出了纳粹主义的忠实信徒。对确定性的追求，对绝对权威的追求，是无法通过对课程或课程设置进行反思来阻止的。但是，假设学校存在的目的就是为了让我们摆脱对绝对知识的渴求，假设我们能清醒地意识到，当我们渴望获得诸神的知识时，对人对己都是危险的，那么接下来该怎么办呢？

美国实验

所有孩子进入学校时都像一个个问号，脑子里装着各种问题，离开时就变成了一个个句号，不再好奇。这是一句老话，但在思考学校教育通常是如何进行时，这句话仍然有用。这句话也以不同形式适用于其他情况和

1 Jacob Bronowski，*The Ascent of Man*，Little, Brown，第 374 页。

机构。例如，我们也许可以说所有国家都是以问号开始，以感叹号结束。佛罗里达州那些爱国者在要求学校必须告诉学生美国比其他所有国家都要优越时，一定就是这么想的。显然，有人认为美国信条是一个感叹号，一个成品，一个已经解决的问题。但如果有人相信这个版本的美国信条，就会直接导致布罗诺夫斯基警告的那种盲目性，更糟糕的是，这让教条主义更加臭名昭著。

除了那些被分离主义意识形态撕裂的学校外，每个学校都试图讲述一个能让学生产生民族自豪感的美国故事。学生们理应听到这样的故事,他们的父母也希望如此。问题是，如何讲述这样的故事，同时又要做到两点：一方面，要避免漠不关心的态度；另一方面，要避免狂热的民族主义。

恰巧我们有这样一个故事。它有很多优点：它大体上是真实的;它解释了我们的过去，包括我们过去的错误；它鼓励我们参与当下，同时又提供了对未来的希望。这个故事不要求人们相信美国优于其他所有国家，而只需要相信它是独一无二、朝气蓬勃、令人钦佩的，它张开双臂拥抱尚未实现的各种可能的人性。有了这样的故事，没有哪个学生还会对他们的国家提出更多要求，没有哪个学校还能提供更多的东西。

那么，我建议把美国故事作为一个实验，让它成为一个永恒而迷人的问号。这个故事里包括那些在欧洲人入侵之前生活在这里的土著人的经验，也包括那些既给新大陆制造麻烦又给他们带来新思想的欧洲人的经验。每个故事终究都有一个序幕。但是，正如亚伯拉罕·林肯所看到的，这个故事以一系列令人震惊而且极具危险的问题开场：是否有可能建立一个民有、民治、民享的政府？到底谁是人民？他们应该如何管理自己？我们应该如何保护个体免受人民权力的影响？最重要的是，我们为什么要做这一切？这样的开场非常合适。

本书的任何读者都将知道这些问题，以及更多的问题。我并不打算给大家上一堂历史课。我的目的是要说明，这些问题尚未得到解答，并且将永远无法解答。美国宪法不是一本关于教义的问答手册，而是一个假设。与其说它是这个国家的法律，不如说它表达了不同时期不同的人对这个国家的认识。耶鲁大学法学教授斯蒂芬·卡特（Stephen Carter）在他的《不信任的文化》（*The Culture of Disbelief*）一书中，针对“国会不得制定关于确立国教或禁止信教自由的法律”这句话，表达了与众人广泛接受的观点相左的意见。他认为，这一条款的目的是保护宗教免受国家干涉，而不是像很多人认为的那样是为了保护国家不受宗教干涉。1994 年 6 月 29 日，《纽约时报》在第一版刊登了有关最高法院对这个问题的裁决的报道。

概而言之，六名法官不同意卡特的观点，三名法官同意。也许下一次这个比例会有所不同。比例很重要，但没有产生这个结果的过程重要。应该不会有人对我这个观点感到惊讶，因为美国是第一个在争论中产生的国家。《独立宣言》是一个论点，而且就是以论点的方式呈现的。托马斯·潘恩的《人权论》是一个论点，但事实上这个论点有很严重的缺陷（我一直认为，他的论点远不如他要反驳的埃德蒙·伯克的论点那么有力）[1]。最高法院的所有裁决都是争论的结果，包括一些令人尴尬的判决——例如，德雷德·斯科特案[2]的判决，它让人想起林肯和道格拉斯的争论，那是我们最著名也可能是水平最高的争论。当然，我并不是说只有像杰斐逊、潘恩和林肯那样高素质的人才能争论。一开始，我们的想法是要让每个人都能参与争论，只要他们不是奴隶、妇女或是特别穷困的人（尽管很难想象还会有人比托马斯·潘恩

1　在1791年出版的《人权论》（*The Rights of Man*）一书中，托马斯·潘恩回应了伯克在反对法国大革命时发表的著作《法国革命论》（*Reflections on the Revolution in France*）。伯克谴责法国大革命所带来的社会动荡和政治混乱，认为英国应该保持传统的政治和社会秩序。而潘恩则认为，伯克的观点是过时和错误的，他主张所有人都应该享有平等的政治和社会权利，包括言论自由、投票权和财产权。——译者注

2　德雷德·斯科特案是美国最高法院于1857年审判的涉及奴隶地位的著名案件。美国最高法院在判决中宣称奴隶是私有财产，不享有公民权。该判决成为南北战争的重要起因之一。——译者注

更穷）。通过争论（或更准确地说，通过停止争论），奴隶们获得了自由，可以参与到争论中，他们的后代现在已经成为我们最有力的争论者。在他们之后是妇女，然后轮到穷人，最近开始轮到学生和同性恋者。甚至，救命啊，轮到了广播谈话节目主持人。

我们的历史让我们可以宣称，美国实验提出的基本问题是：持续争论的原则是否有助于建立、维持和保护一个国家？我们既要强调“争论”也要强调“持续”。我们知道一旦争论停止了会发生什么——流血事件，就像在我们的内战中，那时我们停止了争论；在其他几次战争中，我们停止了与其他民族争论；还有在一两次战争中，也许根本就不可能有争论。

当然，所有的争论都有一个主题，这个主题体现在一系列的问题中：什么是自由？它的界限在哪里？什么是人？什么是公民的义务？民主的意义是什么？等等。令人高兴的是，美国人既不是唯一争论这些问题的人，也不是第一个争论这些问题的人，这意味着我们已经在孔子的《论语》、摩西十诫、柏拉图的对话录、耶稣的箴言、《古兰经》教义、弥尔顿的演讲、莎士比亚的戏剧、伏尔泰的散文、黑格尔的预言、马克思的宣言、马丁·路德·金的布道以及其他任何认真回答这些问题的地方找到了答案，并可能继续寻找答案。但哪些是正确的答案？我们不知道。这就是困难所在,也是这个故事的魅力和价值所在。所以我们争论、实验、抱怨、悲伤、欢喜，然后继续争论，没完没了。这意味着，在这个故事中，我们不需要对自己隐瞒任何东西，没有什么耻辱需要被永久忍受，没有什么成就值得过度骄傲。所有的一切都是不确定的，取决于改变，取决于更好的争论，取决于未来实验的结果。

在我看来，这是一个很精彩、很高尚的故事，可以作为学校教育的理由：为我们的年轻人提供参与这个伟大实验的知识和意愿；教他们如何争论，并帮助他们发现哪些问题值得争论；当然，还要确保他们知道，一旦停止争论会出现什么后果。没有人被排除在这个故事之外，每个群体都有精彩的观点，也有糟糕的观点，所有的观点都可以被接受。我们唯一要担心的是，有人会在我们还没有表达完观点的时候，坚持加上一个感叹号，就像在佛罗里达州一样。[1]

多样性法则

美国一直是一个多民族的国家，我们的学校一直具有文化多样性。但是，我们的教育工作者并没有一直想着

1 指前文提到的佛罗里达州要求教师和学生相信美国比其他任何国家都要优越。——译者注

要强调这一事实，部分原因是他们相信通过学校教育可以创造出一种共同文化，另一部分原因是他们认为移民文化比不上盎格鲁-撒克逊文化。第二种想法毫无疑问是不光彩的，第一种想法仍然在发挥作用，E. D. 赫希[1]提出的“文化素养”这一概念能够流行就说明了这一点。他认为，学校教育的作用是创造一种共同的文化，但除非我们的公民拥有一个共同的知识核心，否则就不可能拥有这种文化。这个知识核心是指关于历史、文学、科学、哲学、战争、城市、流行艺术的**事实**。在咨询了各个领域的相关专家后，赫希不厌其烦地列出了数千个名字、地点和事件，它们构成了“有文化素养”的人需要积累的知识。他认为在教育过程中，我们的孩子应了解其中的大部分内容。我在另一个地方批评过赫希的计划，理由有几点，其中包括：他对要赋予学校教育怎样的意义漠不关心，而且想要在一个“信息时代”制订这样一份清单，实在太武断，显然是不可能的。对应于赫希清单上的几乎每一项，都至少还有其他十项同样重要的内容没有被纳入。换句话说，赫希的清单并不能解决如何创造一种共同文化的问

1　E. D. 赫希（E. D. Hirsch），美国教育家和文学评论家。他于 1987 年出版的《文化素养》（*Culture Literacy*）是美国教育标准运动的催化剂。该书包括一份“每个美国人都应该知道的名字、短语、日期和概念”的清单，以便他们成为“有文化素养的人”。赫希的观点在 20 世纪 80 年代末和 90 年代初引起了广泛争论。——译者注

题，而是无意中提出了这个问题本身。这就是为什么在我这本同样关注如何塑造共同文化的书中，很少强调应该了解哪些事实，而是强调应该相信哪些叙事。（在为我们的孩子提供意义感时，我们最好把“辛德勒的名单”[1]作为指南，而不是赫希的清单。）

但有一点我必须为赫希说句话，他的清单并不反对多样性。事实上，他的清单赞美了多样性。哪怕只是不经意地浏览一下这个清单，也会发现它包括来自世界各地的人名、地点、事件和思想，它表明了来自世界各地的不同族群在艺术、知识和社会方面都做出了重大贡献。赫希的清单是为美国学生准备的，其多样性不可避免。

多样性法则是一个内涵丰富的叙事，可以围绕它来组织对年轻人的学校教育。但这样做有正确的理由，也有错误的理由。最糟糕的理由，正如我已经讨论过的，是利用族群多样性的事实来编写带有复仇情绪的课程。也就是说，一个受压迫的群体试图通过让自己得到额外的赞美和关注来向美国社会的其他群体进行报复。虽然这种复仇冲动本身是可以理解的，但这种观点会导致离奇的

1 “辛德勒的名单”出自澳大利亚作家托马斯·基尼利创作的长篇小说《辛德勒的名单》（*Schindler's List*），后由史蒂文·斯皮尔伯格改编成同名电影，讲述了德国企业家奥斯卡·辛德勒与其夫人埃米莉·辛德勒在第二次世界大战期间倾家荡产保护犹太人免遭法西斯杀害的真实历史事件。——译者注

歪曲、分裂和孤立。有一个与此相关的笑话，是犹太人用来自嘲的：1900 年前后的一天，在俄罗斯的一个小镇上，有个犹太人注意到许多人惊慌失措地四处逃窜，大声呼救。他拦住另一个犹太人问发生了什么事，那个犹太人告诉他，镇上马戏团的几只狮子从笼子里逃出来了。他急忙问道："这对犹太人是好事还是坏事？"

这个笑话是想要嘲笑一种自我中心的态度，这种态度不允许人们认同本群体之外的人和事。人们也许会问，莎士比亚对犹太人有好处吗？牛顿定律对犹太人有好处吗？可以肯定的是，某些犹太教派对这些问题的回答是"对犹太人没有好处"，因为任何形式的世俗知识都被认为会分散研究《塔木德》的精力，会对虔诚造成威胁。但这正是问题所在。这些教派有自己的学校和自己的叙事，他们希望让他们的年轻人远离公共教育。任何只提倡关注自己群体的教育可能有其价值，却与公共教育的理念和共同文化的发展相抵触。当然，在某些情况下问"这对黑人是好事还是坏事？""对拉美人呢？""对韩国人呢？"也许是自然的，也是恰当的。但这个笑话的重点是，如果一切问题都从族群的角度来看，那么孤立、狭隘、敌意甚至荒谬就会成为不可避免的结果。

此外，还有另一个要强调多样性的理由，我们可能会对这个理由持怀疑态度。我指的是一个心理学观点，它声称一些学生的自尊心可能会通过关注同族群成员的成就而得到提高，特别是在老师和他们属于同一族群的情况下。我不能说这是真是假，但需要指出，虽然自尊心被削弱不是件小事，但作为共同文化核心的公共教育有其主要目的，其中之一就是学生必须尊重自我以外的东西。这是科内尔·韦斯特[1]同时向白人和黑人强调的一点。例如，在回顾了种族意识带来的包括贫穷和偏执在内的有害影响之后，他在《种族问题》一书的结尾这样写道："我们决不能这样打斗着进入21世纪……我们正处于这个国家历史上关键的十字路口——我们要么团结起来对抗这些分裂和贬低我们的力量，要么就各自走向灭亡。"[2]我认为这个呼吁发自肺腑，我们必须为自己，特别是为我们的年轻人提供一个全面的叙事，能够以有利于团结的方式积极地利用多样性。

幸运的是，我们有这样的叙事，它既有理论部分，也有实践部分，这使它获得了特殊的力量。理论部分来自科学，热力学第二定律相当抽象地表达了这一理论。该定律告诉我们，尽管物质既不能被创造也不能被毁灭

---

1 科内尔·韦斯特（Cornel West），美国哲学家、政治活动家，著有《种族问题》（*Race Matters*）和《民主问题》（*Democracy Matters*）等。——译者注

2 Cornel West，*Race Matters*，Vintage，第159页。

（第一定律），但它倾向于变得无用。这种趋势的名称叫“熵”，这意味着宇宙中的一切都不可阻挡地走向同质性，而当物质达到没有差异的状态时，就没有可利用的能量了。这是一个相当无情而且令人沮丧的观点，幸亏宇宙中存在着“负熵”的力量，这些能量可以延缓同质化，并使事物保持运动、有序和（从人的角度来看）有用的状态。每次我们打扫屋子或街道，或使用信息来解决问题，或制订日程安排时，我们都在与“熵”做斗争，利用智慧和能量来克服（其实是推迟）不可避免的秩序的衰退。

物理学家用数学符码来描述这一切，但他们对我们其他人运用他们的熵和负熵概念的方式并不一直持肯定态度。说到底，关注宇宙是他们的事，也是我们的事，如果可以从宇宙中吸取教训，那就一定不能忽视。这里可以吸取的教训是，同质性是活力和创造力的克星。从实践的角度来看，我们可以在人类活动的每个领域看到这一点。当没有任何不同的新事物从系统之外加入进来时，停滞不前的局面就会出现。要说明这个现象，英语是绝好的例子，拉丁语也是绝好的例子。英语是一种相对年轻的语言，只有六百多年的历史（假设乔叟是我们第一个重要的英语作家）。英语源于日耳曼语，然后通过吸收法语和意大利语来改变自己，再后来，随着它的使用者在全球范围内流动，从各种语言中吸收新的词语和形式。T. S. 艾略特曾经说过，英语是诗人可以使用的最佳语言，因为它包含了许多语言的韵律，可供诗人选择。这也许是个有争议的观点，但不可辩驳的是，英语正在迅速成为全球语言，它的词汇量远远超过了其他任何语言，并在世界各地发挥着它的影响力（这让法国人感到非常懊恼，因为他们没有把握住多样性的重要性，反而花费大量精力来防止他们的语言发生变化）。总而言之，英语是地球上最具多样性的语言。正因为如此，它的活力和创造力得到了保证。相反，拉丁语已经成为一门没有生命力的语言，因为它不再接受变化，特别是来自外部的变化。那些用它说话和写作的人，其方式几个世纪以来丝毫不变。其他语言通过借鉴拉丁语获得自身发展的力量，从它的血肉中汲取养分来创造自己。但拉丁语没有从其他语言中得到滋养，这就是为什么它的用途如此有限。

每当一种语言或艺术形式停滞在某个时间点，故步自封，只依靠自身资源时，它就会受到熵的惩罚。相反，只要允许差异，就能获得发展的空间和力量。没有任何一种在今天或在过去蓬勃发展的艺术形式不是在多样性的基础上发展起来的——美国音乐家借用非洲的节奏，南美建筑师采用斯堪的纳维亚的理念，德国画家在埃及艺术中寻找灵感，法国电影人受到日本技术的影响。

我们甚至发现，多样性法则对于生育中传递的遗传信息也同样适用。如果夫妻双方来自同一家族（这时人们就像在克隆自己），他们的孩子与父母来自不同家族的孩子相比，更容易出现遗传缺陷。我们甚至可以说，同质性不仅是活力的敌人，而且是卓越品质的敌人，因为在遗传结构、语言和艺术方面如果缺少或没有差异，就不可能制定出有活力的卓越标准。我知道，有一些人会得出相反的结论。他们认为，人类事务中的多样性使得制定任何标准都不可能，因为有太多的观点、太多不同的传统、太多的目的。因此，他们的结论是，多样性使我们所有人都成为相对主义者。

在理论层面，我们这里表达的也许只是一个有趣的观点。但从实践的角度来说，我们可以看到，多样性确实能够带来丰富多彩的卓越品质。在最近几周的世界杯足球比赛中，有来自世界各个地区的国家——尼日利亚、沙特阿拉伯、摩洛哥、喀麦隆、阿根廷、巴西、德国、意大利以及其他许多国家。每支球队都为比赛带来了特殊的传统和独特的风格：德国人高效有序，巴西人张扬自信，意大利人热情奔放。他们都很优秀，但又各不相同，而且他们都知道“优秀”意味着什么。美国人没有什么风格，更没有什么传统，虽然他们踢得很勇敢，但很早就被淘汰了。我不知道他们有没有抱怨，说自己之所以输球是因为他们有不同的“优秀”标准。（例如，应该让进球最少的球队获胜。）事实上，这种说法是在贬低他们，就好比对日本或秘鲁的艺术家说，你们的作品与其他传统的作品截然不同，所以无法进行评判。他们的作品当然与其他人不同，但这意味着什么？这并不是说优秀的标准不复存在，而是说世界上其他地方的人扩展和丰富了“优秀”的内涵。同时，由于我们都是人类，我们可以理解和识别“优秀”的扩展内涵。在绘画中，我们希望看到细腻、简约、感觉、技艺、原创性和对称性等特质，所有这些都是全世界画家们的追求，正如性格、洞察力、可信度和情感是剧作家的追求一样。没有人指责阿瑟·米勒在写《推销员之死》时没有使用抑扬格五音步诗行。但是，让他的剧作“优秀”的东西与让《麦克白》“优秀”的东西并无多大区别。多样性并不意味着标准的瓦解，不是要反对标准，也不会走向杂乱无章、不负责任的相对主义。多样性是指标准处于发展之中，具有可塑性，会随着时间和空间的变化而变化。性别、宗教和人类所有其他类别的差异，也会产生不同的标准。

因此，语言、艺术、政治、科学以及人类活动的大多数表现形式都是通过不同思想的交融而成长、活跃和丰富起来的，这样的故事是组织教学、为年轻人提供人类自豪感的一种方式。在这个故事中，我们阅读加西亚·马尔克斯的作品并不是为了取悦西班牙裔学生，而是因为他的小说本身非常出色。艾米莉·狄金森和埃德娜·圣文森特·米莱（Edna St. Vincent Millay）是女性，这一点并非无关紧要，但我们要求学生了解她们的作品是因为她们的诗写得好，而不是为了声援女权主义。我们阅读惠特曼和兰斯顿·休斯（Langston Hughes）也是因为他们的作品本身，不是因为前者是同性恋，后者是非洲裔美国人。我们想了解爱因斯坦是因为他是犹太人吗？想了解玛丽·居里是因为她是波兰人吗？想了解亚里士多德是因为他是希腊人吗？想了解孔子是因为他是中国人吗？想了解塞万提斯是因为他是残疾人吗？我们听格里格的音乐是因为他是个矮小的挪威人吗？听贝多芬的音乐是因为他是个耳聋的德国人吗？在多样性的故事中，我们了解这些人的目的并不是为了推进某个政治议程或提高学生的自尊程度。我们了解这些人有两个原因：一是因为他们证明了人类的生命力和创造力是多么离不开多样性；二是因为他们确立了文明人应该遵守的标准。其结果是，多样性法则让我们所有人都成为有智慧的人。

文字编织者/世界创造者

我曾有幸听过伊丽莎白·爱森斯坦[1]的讲座，她对作为文化变革媒介的印刷术很有研究，写过厚厚的两卷鸿篇大论。在提问环节，有人问她是如何对这个话题产生兴趣的。她似乎很喜欢这个问题，她告诉听众，在她还是一个六年级学生时，她的老师说，发明活字印刷术是人类文明的伟大进步之一，其重要性几乎等同于发明语言本身。年幼的伊丽莎白一直把这句话记在心里，但后来发生了一件奇怪的事情——简而言之，就是什么也没发生。再也没有人提及这个话题，在她初中、高中和大学的各个阶段，都没有人提过这个话题。幸运的是，这个话题一直在她的脑海中挥之不去，其结果是她终于下决心做了一个专题研究，详细地解释了那位六年级老师想要表达的意思。

发生这样的事情，既令人吃惊，又不足为奇。人类历史上还有一些更加重要的事件，学校同样避而不谈，更谈不上进行研究了，这种做法早就见怪不怪了。事实上，我也有过和伊丽莎白·爱森斯坦类似的经历，那时我五年级，教我们的老师是索伊贝尔夫人（Mrs. Soybel）。我

1 伊丽莎白·爱森斯坦（Elizabeth Eisenstein，1923—2016），美国历史学家，因研究早期印刷史而闻名，著有《作为变革动因的印刷机》（*The Printing Press as an Agent of Change*）等。——译者注

所在的班级非常注重公共演讲，特别是发音，因为我们学校位于纽约的布鲁克林区，人们普遍认为（现在也是如此），来自布鲁克林的人不会正确发音。我有一个同学叫杰拉尔德·梅尔尼科夫（Gerald Melnikoff），他在做每周一次的口头报告时声音总是很轻，嘟嘟囔囔的，这让作为老师的索伊贝尔夫人非常恼火。她告诉杰拉尔德，他说话的声音就像嘴里含着弹珠一样；然后，她对着我们班其他人说,语言是上帝赠予人类的最大的礼物。她说，正是我们的说话能力使我们成为人，我们决不能忘记这一点。我非常重视她说的这句话。（我记得，由于某种原因，我甚至被这句话吓到了）。但就像伊丽莎白·爱森斯坦和印刷术的情况一样，这件事再也没有被提及，当然也没有被索伊贝尔夫人提及。她给我们上拼写课、语法课和写作课，上得非常好，还教我们说话时不要像含着弹珠一样。但是她再也没有提及语言在使我们成为人的方面所起的作用。我并不因此而怪她——毕竟她确实提到了这个想法，我等待着这个话题在初中、高中和大学再次出现，但是我没有等到。每次人们谈论语言时，它都被当作一种有用的工具——绝对不是来自上帝的礼物，甚至不是使我们成为人的工具。

当然，无论是在实际意义上还是在象征意义上，我们都不需要求助上帝，让他来讲述语言和人性的故事，讲述人类作为地球上文字编织者的故事。这并不意味着这个故事没有神秘感。例如,没有人知道我们何时开始说话,是五万年前,还是十万年前,或者更早?甚至没有人知道我们**为什么**开始说话。通常的答案是,说话完全是作为一种功能性机制出现的。也就是说,如果人没有说话的能力,这个物种就不可能生存。当然得有人学会说:“老虎躲在树后面!”但是苏珊·朗格(Susanne Langer)不这么认为。[1]她认为,我们的大脑发生了一些变化,使我们有必要通过符号来改造世界。也许是为了让我们在业余时间做一些有趣的事情,或者是为了纯粹的审美乐趣。我们之所以创造符号,不是为了让自己免于丧身虎口的厄运,而是为了其他仍然很神秘的原因。当然,我们最终发现语言确实可以帮助我们生存,但这并不是我们开始对自己和对他人说话的原因。我把对自己说话的重要性放在第一位,因为与对他人说话相比,我们肯定会花更多的时间跟自己说话,也会使用更多的词语,情感上会更投入。借用语言学家温德尔·约翰逊(Wendell Johnson)的一句话,我们每个人都是“自己最陶醉的听众”。也许朗格是对的。我们为什么要自言自语?它能提高我们的生存能力吗?到底是什么重要的原因促使我们不停地跟自己

1 参见苏珊·朗格的 *Feeling and Form*,Scribner's。

说话——事实上，不仅仅是在醒着的时候，甚至连睡着时也是如此？

有一个答案可以为学校教育提供重要的组织原则：我们用语言来创造世界——也就是说，语言不仅是思想的运载工具，而且如维特根斯坦所说，它也是驾驶员。我们去往它引导我们去的地方，我们看到的世界是它允许我们看到的世界。这世上肯定有一个“非语言”的世界，但是，与地球上所有其他生物不同的是，我们只能通过我们已经创造并将继续创造的语言世界才能进入那个非语言世界。语言允许我们为事物命名，不仅如此，它还暗示了我们应该将哪些情感与我们命名的事物联系起来。更重要的是，语言控制着哪些事物应该被命名，哪些事物应该得到我们的关注。甚至可以说，只有语言才能让事物获得存在的可能。在英语中，“闪电”是一种事物，“波浪”和“爆炸”也是事物。甚至抽象的观念也可以通过语言变为具体的事物。例如，英语让我们相信，“时间”是以一条直线从“昨天”向“今天”再向“明天”移动的。但如果我们问自己，昨天去了哪里？明天在哪里等着我们？我们可能会意识到这些词表达的是观念而不是事物，意识到我们想象中的世界其实就是我们用语言描述的世界。有一个事实是无法回避的：当我们组成一个句子时，我们就是在创造一个世界。我们塑造这个世界，让它变得柔韧可塑、易于理解、实用有效。太初有言，末日亦有言。我们的学校里有人认真对待这个问题吗？

也许索伊贝尔夫人认真对待过这个问题，但她认为我们太年轻，无法理解这些。如果是这样，那她可就错了。有很多方法可以让年轻人了解语言和创造世界之间的联系。她还犯了另一个错误，一个很常见的错误，她给学生造成一个印象，让他们以为，学习语言最重要的是区分正确和错误的语法，是要正确拼写，是在读我们的城市名字“纽约”时千万不要带上口音。有些人可能会说，如果她把这些课教好了，她就已经做得够好了。但是，那些初中老师、高中老师和大学老师呢？由于未能通过语言来揭示人类作为世界创造者的故事，他们错过了好些个重要的机会。例如，他们未能传达这样的理念：关于如何使用语言，有一个不可避免的道德层面。《圣经》教导我们，永远不可妄称上帝的名字。还有其他什么名字是我们不可妄称的？为什么不能？一个合理的答案是，语言区分了神圣和世俗，从而为我们的道德感提供了组织构架。滥用语言不仅是一种社会犯罪，而且会威胁到我们构建好与坏、可与不可这些概念的方式。使用语言为不可辩护的事物辩护（正如乔治·奥威尔所说，我们中的一些人习惯性地这样做），使用语言把某些人变成非人，使用语言编造谎言混淆是非，明明不知道或**不可能**知道却要说得天花乱坠，冒用真理之名——这些都违背了道德秩序，顺便说一句，所有这些坏事都可以通过出色的发音或无可挑剔的语法和拼写来完成。我们与语言的关系向来都有一个道德层面，从孔子、苏格拉底到伯特兰·罗素、约翰·杜威，每个伟大的哲学家都强调过这一点。一个教师，无论是哪个阶段的教师，怎么可能会看不到这一点呢？

当然，语言也有其社会维度。索伊贝尔夫人很了解这一点，但只是其中的一部分。她的想法是，通过放弃自己族群的方言，她的那群衣衫褴褛的布鲁克林穷学生就可以在语言上与牛津大学的教师，或者至少是与美国企业的高管没有区别了。她可能忽略了一点，那就是，在改变我们的语言时，也改变了我们的政治、我们的品味、我们的激情、我们的美感，甚至我们的忠诚。也许她其实是知道这一点的，但从未解释或讨论过，也没有给我们提供其他选择。这些变化是否会让我们与父母、亲戚和朋友疏远？来自"工人阶级"有什么过错吗？我们会愿意接受哪些新的偏见，开始讨厌哪些旧的偏见？当我们通过新的说话方式的棱镜看世界时，我们会变得更好还是更坏？这些都是非常重要的问题，应该在如今推行以"政治正确"的方式说话的背景下提出来。通过改变我们对事物的称呼，我们会变得有什么不同？我们会接受哪些新的社会态度？我们习惯性的命名方式有多大威力？

这些问题应该是教育的核心。它们不仅关系到我们在别人面前如何说话，而且关系到我们如何通过语言了解世界。当然，更重要的一点是，语言如何控制我们运用智力，也就是说，语言如何控制我们对思想的看法。亚里士多德认为自己发现了普遍的思想法则，而事实上，他所做的一切只是解释希腊语句法的逻辑规则。也许如果希腊人曾经对其他语言感兴趣，他可能会得出不同的结论。中世纪的教士认为，如果他们的语言中有某个词，那么这世界上就必定有与这个词对应的东西，这让他们走上了一条徒劳的求知之路，去探索一个针尖上能站立多少个天使[1]。著名的德国哲学家马丁·海德格尔认为，只有德语才能表达最微妙、最深刻的哲学概念，也许他指的是那些不可理解的概念。总而言之，他是阿道夫 · 希特勒的狂热支持者和纳粹党员，这一事实让他的观点变得没有那么有说服力。显然,他并不十分了解何为微妙与深刻。但是只要我们任何人想清楚地了解任何事情，我们都要知道应该如何使用语言，要知道语言如何利用我们，还要知道可以有哪些方法来阐明我们对自己制造的这个世界的认识。

所有这些讲述的都是关于人类如何使用语言来改变

1 这是中世纪神学的一个问题。在现代用法中，这句话已经失去了它的神学背景，被用来比喻浪费时间辩论没有实际价值的话题。——译者注世界，然后反过来又被自己的这个发明所改变的伟大故事。当然，这个故事并没有止于语言的发明，事实上，语言的发明是这个故事的开始，当初索伊贝尔夫人告诉我们，说话能力使我们成为人，她想表达的也许就是这个意思。随着人类发明其他语言替代品来扩大语言的使用范围，这个故事继续以奇妙的方式展开：先是表意文字和拼音文字，然后是印刷术，再后来是电报、摄影、广播、电影、电视和计算机，它们中的每一个都改变了世界——对它条分缕析，对它分门别类，可以让它变大，也可以让它变小。如果说我们只是工具的制造者，那就忽略了故事的重点。我们是世界的创造者，是文字的编织者，这就是让我们变得或聪明或愚蠢、或道德或邪恶、或宽容或偏执的原因，这也是人之所以成为人的原因。有没有可能在学校里给我们的年轻人讲讲这个故事，让他们研究我们如何通过控制我们应对世界的这些符码来变得更有人性，让他们了解如果我们无法控制这些自己发明出来的符码会有什么后果？这可能是一个最伟大的故事，但在学校里还尚未有人讲述。

第二部分

你们刚才在第一部分读到的内容，用一位著名智者的话来说，可以被称为原理；接下来的第二部分是注解。但我得赶紧说明的是，我并不认为我描述的五种叙事已经穷尽了各种可能性，它们只是穷尽了我的想象力。还有更多的想法可以为学校教育提供值得尊敬、富有人情、严肃认真的理由，关于这一点我毫不怀疑。本书的目的不仅是要提出有意义的理由，而且还要发挥作用去促进**针对**这些理由的严肃对话。不是关于政策、管理、评估和其他技术性问题的对话，这些固然重要，但它们应该在确定好学校目标**后**再做处理。我不想对我的一些同事表示太多不敬，但在我的印象中，在所有与学校有业务往来的人中——学校管理者、授课教师、学生、家长、政治家、出版商和教育学教授，排在最后的那些人似乎对谈论学校教育的理由最不感兴趣，而排在第一位的那些人也好不到哪里去。也许我的看法是错误的,但无论如何，如果各方都能抱着热情和决心开展对话，我们就完全可能改善年轻一代的生活。

第二部分的目的是要让第一部分中描述的几种叙事更加明确具体。如果做不到这一点，这些叙事就可能流于抽象,只是一些不切实际的夸夸其谈。在下面的内容中，我希望表明它们绝非如此。

第五章　地球飞船

我刚刚说过，上一章中描述的叙事可能显得很抽象，这里我打算把它们具体化。现在我要以一则寓言开篇，这是有风险的，因为还有什么比寓言更抽象呢？如果各位读者记住以下两点，我也许就不必担心了。第一，这是一则寓言，不是一门课程；第二，你不用担心它的实用性。在讨论这则寓言的寓意时，我们会有时间来讨论它的实用性问题。

一则寓言

很久以前，在纽约市，文明生活几乎走到了尽头。街道上到处都是烂泥，没有人清理。空气和河流被污染了，没有人能够净化。学校破败不堪，没有人信任它们。

每一天都有新的罢工，每一次罢工都带来新的困境。犯罪、打斗、混乱和粗暴行为随处可见。年轻人和老人打架，工人和学生打架，穷人和富人打架。这座城市已经无药可救了。

当情况到了最绝望的时刻，城市的领导们开会讨论这个问题。但他们无法提出任何解决方案，因为他们的士气极度低落，仇恨和困惑让他们的想象力变得迟钝。市长无计可施，只能宣布整个城市进入紧急状态。以前在遭遇暴风雪和电力故障时他也这样做过，现在更是觉得理直气壮了。

他说："我们的城市被围困了，就像古代的耶利哥[1]和特洛伊一样。但**我们**的敌人是懒惰、贫穷、冷漠和仇恨。"

正如你看到的，他是一个非常英明的市长，但还没有英明到可以准确说出该如何驱散这些敌人。因此，尽管已经正式进入紧急状态，但无论是市长还是其他人都想不出有什么办法可以让情况变好，而不是任由它恶化。这时，一件不同寻常的事情发生了。

市长的一个助手深知这个城市未来会发生什么，他决定和家人一起逃到乡村。为了给自己的异乡之旅做好准备，他开始阅读亨利·戴维·梭罗的《瓦尔登湖》。以

---

1 耶利哥，位于约旦河西岸地区的古老城市，在《旧约》中是以色列人在摩西带领下进入迦南时征服的第一个城市。——译者注

前有人告诉过他，这是一本关于如何在乡村生存的实用手册。在读这本书时，他看到了以下这段话："学生们不应游戏人生，或仅仅是研究人生，并且要社会支持他们玩这种昂贵的游戏，他们应该自始至终认真地生活。除了立刻开始生活实践，哪里还有什么办法能让年轻人更好地学习如何生活呢？"

这位助手马上意识到，他有了一个绝妙的主意。他求见市长，把这段话给市长看，但市长非常沮丧，根本没心情看书，因为他已经翻遍了各种典籍来寻求帮助，仍然一无所获。

"这是什么意思？"市长气呼呼地问道。

"这就是我们的救赎之路。"助手回答说。

他向市长解释道，公立学校的学生到目前为止是造成眼前这个普遍社会问题的部分原因，如果能发挥一点想象力，改变一下视角，他们就可能转而成为整个解决方案的一部分。他指出，从初中到高中，大约有四十万名身体健康、精力充沛的年轻人，可以利用他们来使城市重新变得宜居。

"可是我们该怎么利用他们呢？"市长问，"如果我们这样做，他们的教育怎么办？"

面对这个问题，助手回答说："他们会在拯救城市的过程中获得教育。至于他们在学校里学习的课程，我们有充分的证据表明，他们并不喜欢，现在甚至开始讨厌老师和学校。”这位助手是带着统计数据来的（助手们通常都是如此），他指出，全市每年光是花在更换学校破损窗户上的钱就高达一百万美元，而在学校注册的所有学生中，几乎每天都有三分之一的人逃学。

“是的，我知道，”市长悲伤地说，“我们大祸临头了。”

“你错了，”助手有点不耐烦地说，“他们的倦怠感、破坏性和无处发泄的精力是个大问题，我们可以把它们变成对我们有利的东西。”

市长还不大相信，但他自己也没有更好的主意，他任命这个助手为紧急教育委员会主席，助手立即制订计划，让四十万名学生走出沉闷的教室，停下手头比教室更加沉闷的功课，这样他们的精力和才能可以用来修复被破坏的环境。

当人们知道了这些计划后，顿时怨声载道，因为处于困境中的人们有时更愿意接受熟悉的问题，不愿意接受不熟悉的解决方案。例如，教师们抱怨说，他们的合同中没有关于这种不寻常程序的条款。对此，助手回答说，合同的指导思想是让他们帮助教育我们的年轻人，教育可以采取多种形式，在许多地方进行。他说：“没有什么圣书规定说教育必须在放着椅子的小房间里才能进行。”

一些家长抱怨说，这个计划不符合美国精神，这种强制性让他们感到厌恶。对此，助手回答说，该计划是基于早期美国人的做法，那时他们要求年轻人协助管理环境，以确保群体能够生存下去。他补充说："关于强制，我们的学校从来没有手软过。强制或是不强制，这不是问题，也从来不是问题，问题是，哪些事情应该被强制。"

甚至有些孩子也在抱怨，虽然不是很多。他们说，上帝赐予他们享受公费坐在教室里度过人生十二年光阴的权利，可是现在这个权利被践踏了。对于这种抱怨，助手回答说，他们把奢侈的享受和权利混为一谈，而且，无论是哪一种，我们的社会都已经无法负担了。他接着说道："更何况，在人们能够确定的所有上帝赋予的权利中，没有哪一项权利比他的生存权更重要。"

于是，纽约市公立学校的课程被命名为"生存行动"，从七年级到十二年级的所有孩子都参与其中。以下是他们必须做的一些事情：

每周一上午，四十万名儿童必须帮助打扫自己的社区。他们清扫街道，将垃圾装入铁罐子里，清除空地上的废弃物，冲洗人行道和墙壁上的灰尘和涂鸦。周三上午的任务是美化城市。学生们种植树木和花草，修理草地和灌木，粉刷地铁和其他有碍观瞻的地方，他们甚至修复了破损的公共建筑，首先就是他们自己的学校。

每天，五千名学生（大部分是高二和高三的学生）

被赋予在城市街道上指挥交通的责任，这样，所有原先做这个工作的警察就可以腾出手来密切防范罪犯了。每天，五千名学生负责帮助送信，这样一来，很快一天就可以投递两次信件了——就像很久以前一样。

还有几千名学生被用来组织和维持日托中心的运转，让年轻的母亲（她们中很多人靠福利生活）可以腾出时间去找有报酬的工作。每个学生还被分配在星期二和星期四下午与两名小学生见面，教他们阅读、写作和算术。两万名学生被要求每周有一个下午给某些成年人代班，这些成年人的工作学生完全可以胜任，不会出现受伤或效率降低的情况。如此一来,这些成年人可以有时间去上学，或者，如果他们愿意的话，可以协助学生一起拯救他们的城市。

学生们还被指派在城市的每个街区出版一份报纸，他们可以在报纸上刊登许多守法公民需要的信息。学生们组织科学展、街区聚会和摇滚音乐节，他们在每个街区都成立了管弦乐队和剧团。一些学生在医院协助工作，帮助登记选民，制作在城市电台和电视台播出的广播和电视节目。他们还有时间举行持续一整年的城市奥运会，每个孩子都参加这样或那样的比赛。

正如你可能期望的那样，纽约市的大学生也渴望参与这个全体计划，因此又有十万名年轻人可以为社区服务。大学生们经营着往返于住宅区和曼哈顿的公共汽车服务。学生们使用自己的汽车，从市政府得到部分补贴，迅速建立了一种辅助性的半公共运输系统，这减少了进入曼哈顿的汽车数量，减轻了地铁的负担，一下子减少了空气污染。

大学生被授予给乱停车和乱丢垃圾的人开罚单的权利，让警察比以往任何时候都更能腾出手来进行真正的调查工作。他们得到许可为初中生和高中生组织研讨会、电影节和讲座；每天从下午 3 点到晚上 10 点，他们在专门设立的超高频电视频道上提供各种主题的高级课程。他们还帮助组织和管理吸毒康复中心，开展各项运动，告知人们他们有什么合法权利、营养需求和可用的医疗设施。

因为这是一个寓言故事，而不是童话故事，所以不能说这个城市的所有问题都得到了解决，但有好几件不同寻常的事情确实发生了。这个城市开始活跃起来，市民们找到了新的理由，相信他们能够拯救自己。曾经不关心环境的年轻人对环境产生了主人才有的兴趣。一些老年人曾经认为年轻人不守规矩，过着寄生虫般的生活，现在也开始对他们刮目相看了。随之而来的是人们重新变得彬彬有礼，犯罪大大减少，因为和以前相比，现在没有那么多理由可以生邻居的气，或者想要攻击他们了。

令人惊喜的是，大多数学生发现，虽然他们没有“接受”教育，但他们创造了一个内容相当丰富的教育体系。他们每天都在实践他们的社会研究、地理、传播和生物等课程，还有其他许多事情，这些都是诚实正派的人应该了解的，包括相信每个人都必须平等地参与创建宜居城市，无论他或她以后会变成什么样的人。甚至还出现了这样的情况：老年人在年轻人的榜样引导下，重新对修复环境产生了兴趣，至少他们不再参与破坏环境。

但是，如果否认在这整个冒险过程中会出现某些问题，那将是愚蠢的。例如，数以千计的儿童原本可以了解乌拉圭的主要河流，但现在他们不得不在对此一无所知的情况下终其一生。数以百计的教师感到自己所受的培训没有用武之地，因为他们离开了教室后不知道如何教育儿童。可以想象，对学生的活动进行评分也是非常困难的，过了一段时间，几乎所有的测试都停止了。这使许多人不高兴，原因很多，但最重要的一点是，人们再也无法分辨哪些孩子愚蠢、哪些孩子聪明。

但市长毕竟是一个非常精明的政治家，他承诺一旦紧急状态结束，一切都将恢复正常。与此同时，每个人都过着幸福快乐的生活——还是在紧急状态下，但完全能够应对。

* * *

那些读过或听过这则寓言的人（它曾两次出现在《纽约时报杂志》上）在被要求说出这则寓言的寓意时，至少提出了六种不同的说法。有这么多寓意是否意味着这则寓言很成功，我不知道，但我很喜欢其中的一个寓意：对地球的责任感源于对自己所在社区的责任感。很难想象，一只弄脏自己鸟巢的鸟会特别在意鸟巢所在的那棵树。因此，这则寓言表明，要讲好地球飞船的故事，我们首先要想出各种办法让学生积极参与爱护他们自己的学校、社区和城镇。那些宣称与他们所谓的“现实”有密切联系的人指出，像这样的建议会给监督工作带来无法克服的困难，需要非常细致的规划，而大多数学校或学校系统从一开始就可能无法胜任这样的工作。他们还指出，这类建议所涉及的政治和法律后果远远超出了学校所要应对的范围。关于这些观点，虽然不情愿，但我还是要明确表示同意。如果人们认为大多数学校连为学生提供营养午餐这么简单的事都有困难，那么寓言中描述的那些具体活动似乎可以帮助解决这些混乱局面。但这里有个观点不应该被直接忽视。是的，指望学生指挥交通或送信是不切实际的，但是，让他们打扫和粉刷自己的学校，植树种花，制作社区报纸，创建社区剧团，这些有什么不切实际的？让高年级学生教低年级学生有什么不切实际的？事实上，有几所学校已经允许（虽然不是要求）学生做这些事情，他们有正确的理由。我想强调一下“有正确的理由”这个表述。例如，有许多学校已经积极开展了所谓的“半工半读”或“学徒训练”项目，目的是让年轻人熟悉职场。我不明白为什么学校对这样的目标如此感兴趣。[1]学生们会有大半辈子的时间来熟悉职场——进入职场是他们未来必须做的事情。爱护环境并不是他们未来必须做的事情，而且恐怕大多数人现在都不会爱护环境。这则寓言建议的那些活动是向年轻人介绍他们对地球的责任，他们首先要对身边的建筑物和街道负起责任，这是属于他们的那一部分地球。这个想法是要表明，环境不是某种被给予的东西，可以选择接受或者放弃。事实是，我们不能放弃，也不能接受，我们必须创造。要想创造环境，我们必须意识到我们彼此之间的依存关系，还要鼓励创造，并且使它合法化。

我应该补充的是，目前在一些地方流行的“新”观点中，有一种是围绕主题来组织学校教育。这是一个先进的观点，因为它指出必须为教育提供意义，而且还明确

1　参见 Harvey Kantor，“Managing the Transition from School to Work: The False Promise of Youth Apprenticeship”, *Teachers College Record*, 第 95 卷，1994 年夏第 1 期，第 442—461 页。

地否定了一个常见的假设，即课程的各门科目之间没有任何关系。但是，在各种主题中，有些无关紧要，有些愚蠢可笑，还有一些紧跟潮流但最终无法解释任何问题，也无法产生任何结果。我相信，地球飞船不在这些主题之列。我们可以把它看作一个“负熵”主题，其中的一个观点是：正如埃里克·霍弗提醒我们的那样，对一个文明的考验在于其是否有维护的能力。建造房子是一件美好而高尚的事情，但不让它倒塌才是一个文明的基本任务。年轻人不能置身事外,这是这个主题要传递的信息。

但这个信息还有另一层意思：我们不能浪费年轻人的精力和他们可能拥有的理想主义。学生在学校里表现出来的萎靡不振、无聊倦怠，甚至暴力行为都与他们在社会上找不到用武之地有关，这一点毋庸置疑。对儿童无微不至的照顾和保护造成了一种矛盾局面，所谓的保护意味着把年轻人排除在有意义的社会活动之外。我们要想办法去创造让年轻人参与社会重建的形式，以此作为学校教育流程的替代或补充。这绝对不只是乌托邦式的理想。还有一点，从目前许多地方的情况来看，年轻人的旺盛精力和学习之间是有冲突的，也就是说，这是学校教育必须克服的一个**障碍**。我建议，我们要把年轻人的旺盛精力变成他们学习的有利因素。这就是“柔道”的原理：设法把对手的力量引为己用。在学校教育中，我们不要去抑制学生的能量，而是要利用它去实现积极有益并且富有人性的目的。

对于那些认为这则寓言及其寓意不切实际的现实主义者，我现在提出另一个想法，这个想法看起来更传统，但可能更“不切实际”。我的设想是，让学生留在学校里学习各种科目，甚至可以接受测试，或者像现实主义者喜欢说的那样，对他们的学习进行评估。但我建议重新调整所谓的“主要”科目的结构，这样一来考古学、人类学和天文学就可以获得最高的优先权。之所以说这个想法“不切实际”是因为教学科目和其他任何东西一样，都是官僚化和制度化的实体。教师教授某一科目需要获得国家的许可；出版商编写各门科目的教科书；一些全国性组织围绕各门科目来建立。把一门“主要”科目变成“次要”科目，或完全取消一门科目，或引入一门新的科目，这是重要的法律和政治问题，必然会遭到反对。然而，这个问题值得认真考虑，尤其是因为在决定哪门科目重要哪门科目不重要时有一定的任意性。我在公立学校（在纽约市）上学时，音乐和艺术都被认为是“次要”科目——至于为什么，我不知道。当时有一所音乐和艺术高中（这所学校现在还在），可见一定还是有人认为这些科目足够重要，要围绕它们来组织学习，但在我上过的学校里不是这样。不仅如此，那时地理被作为独立教学科目，如果我没有记错的话，公共演讲也是。现在，地理和公共演讲在大多数学校都不受重视。当然，现在计算机科学和媒介研究被认为是科目（在新墨西哥州，媒介研究在高中里是必修的），而且我知道有不止一所高中开设了体育、写作等科目的课程。换句话说，尽管课程设置中的科目看起来很稳定，但确实还是发生了变化，而且通常是因为也许可以说是“有利于教育”的理由。

在这种情况下，如果教师和管理人员的培训内容包括关注“科目”的历史，让他们对科目的形成过程、形成时间和形成原因有一定的了解，将会很有帮助，例如可以帮助他们避免科目分类固化带来的危险。例如，“英语”直到 20 世纪 20 年代才成为美国学校的一门科目。古希腊人围绕“和谐论”研究设置课程，所以把算术、天文学、音乐和几何学（作为主要科目）并在一起。智者学派教授语法、逻辑和修辞，而后两者在美国学校中并不重要，我不知道这是为什么。（柏拉图认为一个人在三十五岁之前不应该学习逻辑学，但我认为这并不是我们大多数时候忽视它的原因。）顺便说一下，除了自己的语言，希腊人对其他任何语言都不感兴趣，也不尊重，他们认为开设“外语”课程是一种荒谬行为。在所有科目中，我最喜欢的科目是在孔子制定的课程安排中找到的，学生要学习和练习射箭——顺便说一下，这不是因为要把他们训练成战士，而是因为这个科目教会他们纪律性和精确度，教会他们集中注意力。孔子还主张让学生学习我们称之为“礼貌行为”的东西。你能想象今天会有学校要求把学习和练习礼貌行为作为主要科目吗？当然，没有人会说这门科目不重要。它之所以没有被列入课程，也许是因为教育考试服务中心很难想出办法来对它进行评估。

那么为什么要学习考古学呢？理由非常充分，但我必须马上说明一下，我想做的并不是要去研究考古学家如何工作。我们也许可以让年轻人学习一些考古学家的方法，这会很有趣，但我觉得这部分内容还是留到研究生阶段学习更好。我这里想提的是考古学家带给我们的有关所谓“史前史”的知识。如果我们想更好地了解地球有多么珍贵，想了解地球无论是在过去还是未来作为我们家园的重要地位，那么没有哪一门学科比考古学更能发挥作用了。曾经有一段时间，学生们对古埃及文明的伟大成就有一些粗浅的认识。那时候，“底格里斯河和幼发拉底河”肯定会出现在某道测试题的答案中，而“文明的摇篮”这一短语对六年级的学生来说也并不完全陌生，但从来没有人认真地对这个话题做过深入研究，今天也很少有人这样做。无论是在过去，还是现在，这都是一个严重的错误，特别是如果我们对比一下本世纪在人类“近代史”方面获得的知识。例如，我们知道苏美尔人至少在亚伯拉罕离开吾珥[1]前一千年就开始在泥板上写字，知道巴比伦人在传说中摩西从西奈山上带下十诫前一千年就开始写史诗。我们还知道，通常被奉为西方道德和社会组织基础的《圣经》中有许多主题来自伟大的巴比伦史诗《吉尔伽美什》。第一部伟大的中国字典在三千五百年前就已经编纂完成[2],其中收录了四万个单字（第一部伟大的英语词典是在两百年前编纂完成的）。在字母被发明出来的前一千五百年，苏美尔人已经在用楔形文字书写；早在三千年前，中国人使用的数学课本中已经有根式乘法、几何学和有不止一个未知数的方程式。

我想要补充的是，苏美尔人为我们提供了第一份关于学校、谚语和箴言、情歌、图书馆目录、复活故事、判例和减税的书面文件记录。也就是说，在研究古人时，无论是苏美尔人、巴比伦人、埃及人还是中国人，我们不仅在研究各种文明，而且在研究**人本身**。他们生活在这个地球上，有过抱怨，有过悲伤，有过欢喜；他们会尔虞我诈，会训斥孩子；他们战死沙场，书写诗歌，做着其他许多如今堪萨斯城人也会做的事情。他们那时根本

1 传说中，亚伯拉罕出生于迦勒底的吾珥，公元前2000年左右听从神的呼唤离开了家乡，前往迦南地（今天的巴勒斯坦和叙利亚、黎巴嫩等地）。——译者注

2 原文如此。此信息有误。——译者注

不可能想象使用电子邮件或看电视，但这并不会让我们看低他们的能力。他们不知道宇宙或银河系甚至太阳系，我们也不会因此轻视他们。但他们对地球是有所了解的，知道如何照顾它，知道如果对它漠不关心会有什么后果。

因此，考古学是我们帮助培养年轻人地球观的最佳科目之一。地球飞船上的船员需要对过去的船员有深入的了解。毕竟，他们将成为三千年后的苏美尔人，而他们的成就和无知将成为未来船员检视的对象。了解人类栖居在这个地球上的连续性看来是必要的。

由于考古学通常被人们视为一门神秘难懂的科目，我在这里需要再说明两点。首先，有关考古学的教学应该从幼年开始，并以螺旋式上升的复杂程度贯穿大学。我不敢说我确切地知道可以如何教小学五年级的学生考古学，因为我从来没有机会尝试。我的职业生涯是从当五年级教师起步的，那时有人告诉我，学校里没有时间教这样的科目（那是很多年前的事了），特别是因为它不是“基础”科目。我并不反对学校将教学内容局限于基础科目，当然，这也是问题所在：什么是基础科目？或者，说得更准确些，哪些科目最适合为学生提供生命的意义？在我看来，史前史就是这样的科目，而且我毫不怀疑，优秀的小学教师完全有能力来介绍和开展这门科目的教学。

其次，在讲授考古学时，教师不仅要有足够的知识，而且还要格外谨慎。学校里有许多学生，他们笃信宇宙起源叙事，这与考古学知识是相悖的。例如，不久前我有两个学生（本科生）坚信地球是在公元前4004年10月23日上午9点创造的，在他们的故事里，根本没有给比这个时间点更久远的人类留任何位置。有一个办法——但我担心并不能奏效，那就是向他们解释，重要的知识往往会让人困惑甚至悲伤，因为知识并不总能证明我们珍视的信仰是正确的。我甚至引用《传道书》（1:18）来安慰他们："因为智慧越高，愁烦越多；知识越多，痛苦越深。"但他们并没有像我一样领悟传道者的洞见。

另一种方法是把考古学作为一种叙事（它确实是一种叙事），而不是作为一种不可改变的终极真理，认为所有和自己不同的叙事都毫无意义。教育工作者在对待科学叙事和宗教叙事之间的关系时要采取谨慎合理的立场，否则会给自己带来不必要的麻烦。我们在有关创世科学的冲突中就看到了这一点。一些科学家自认为代表了科学良知，他们的做法很像1925年在田纳西州通过法律禁止讲授进化论的那些立法者[1]。那时的情况是，反进化论者担心科学思想会破坏宗教信仰。而今天的情况是，支持

1 这里指的是1925年生效的美国田纳西州的《巴特勒法案》（Butler Act），该法案禁止公立学校教师讲授不符合《圣经》解释的人类起源说。——译者注

进化论者担心宗教思想会破坏科学信仰。前者对宗教信心不足，后者对科学信心不足。重要的是，深刻但彼此矛盾的思想可以并存，即使它们是由不同的材料和方法构建的，并且有着不同的目的。每一种思想都告诉我们一些有关我们在宇宙中地位的重要信息，非要认为它们势不两立，那就太愚蠢了。有两句相关的引文很有说服力，说这两句话的人对这个问题都进行过认真的思考。第一句话是伽利略说的，他在敦促人们区分宗教叙事和科学叙事时说："圣灵的意图是告诉人们如何去天堂，而不是告诉他们天堂是如何运作的。"第二句话来自教皇约翰·保罗二世，在伽利略讲出上面那句话的 375 年后，他说："科学可以让宗教远离错误和迷信，宗教可以让科学摆脱偶像崇拜和错误的绝对论。"[1]

正是在这一点上，人类学这个学科要发挥作用了。与考古学不同的是，它向我们展示的是在世界观方面存在巨大差异的当下文化，因此可以帮助年轻人摆脱偶像崇拜和错误的绝对论。我还是保留之前提到的一些意见，使用（出自《星际迷航》的）"企业号"这个有用的隐喻来说明人类学观点可能带给我们什么启示。就像我们的星球一样，"企业号"是很多不同群体的家园，他们并不

1 两句话转引自 James Reston, Jr.，*Galileo: A Life*，HarperCollins，第 136、142 页。

都是地球人。例如，斯波克有一半瓦肯人的血统，罗慕伦人和可怕的克林贡人会时不时与地球人共用空间。当然，他们有自己的飞船，但如果我们想象一下（由于吉恩·罗登伯里[1]可能想到的原因）他们所有人都必须生活在“企业号”上，我们就会对我们现在的情况有一个相当准确的描述：一个由不同语言、不同传统、不同体格（由此会产生不同的美的标准）和不同宇宙论叙事组成的社会。下面这些问题会应运而生：每个群体需要了解其他群体的哪些东西？哪些知识会带来和谐？哪些知识可能导致冲突？一个群体凭什么认定自己优于其他群体？是否有可能创造一种叙事，里面的一系列象征能获得所有群体的拥戴？

诸如此类的问题不仅是学生们在了解爱斯基摩人、霍皮人和巴西热带雨林的居民时需要考虑的，也是他们在了解伊朗人、越南人、芬兰人、加拿大人以及其他所有与他们共享地球飞船的人时要考虑的。当然，人类学研究存在明显的意识形态偏见，地球飞船的主题同样也有这个问题——无知、怀疑以及对差异的低容忍度会让飞船陷于危险之地，任何可能减少危险的措施都有助于确保每个人的生存。但我必须马上补充一点，这种观点并不

1 吉恩·罗登伯里（Gene Roddenberry，1921—1991），美国电视编剧、制片人，《星际迷航》的创作者。——译者注

意味着我们要走向不具批判性的相对主义。我们都知道，瓦肯人对地球人的过度情绪化感到困惑不解，而地球人则认为瓦肯人过于看重逻辑和计算。如果双方都能从对方身上学习一些东西，那么他们之间就会存在一定程度的和谐，甚至互生好感。即便如此，任何一方都仍然相信自己的世界观在本质上是正确的。一个人不必为了容忍其他观点而成为文化相对论者，至少不是在生存受到威胁的时候。克林贡人情况特殊，因为他们的文化是建立在怀疑和好战之上的。当然，地球人、瓦肯人和其他人如何应对克林贡人的问题，与我们在地球飞船上遇到的问题完全类似。要解决这个问题，不能要求其他人接受克林贡人的价值观，也不能要求他们认为克林贡人的价值观和其他价值观一样好。一个好的解决方案是:第一，我们承认它的存在；第二，我们审视自己，看看我们和克林贡人有哪些相似之处；第三，我们努力在克林贡文化中找到我们完全赞同的元素。我们也许应该警惕不要过度使用“企业号”这个隐喻，但值得注意的是，在《星际迷航：下一代》中，克林贡人和地球人已经成为朋友，他们似乎在为如何教化罗慕伦人而烦恼。这是否让我们联想到，美国和“邪恶帝国”[1]的命运已经关联在一起，正

1 美国总统罗纳德·里根1983年3月8日在全国福音会联合会发表演讲时称苏联是“邪恶帝国”。——译者注

试图在彼此的文化中寻找值得承认和赞赏的价值观？

人类学显然是一门具有全球维度的学科，尽早将其介绍给我们的年轻人并贯穿于他们的整个学校教育中，会有助于让他们对芸芸众生的巨大差异产生敬畏感，同时也会对彼此的共同点有所理解。在学习差异的过程中，我们会变得不那么害怕，会更加勇敢无畏。在了解共同点的过程中，我们会对世界更加充满希望。对我们的飞船来说，还有什么比拥有勇敢乐观的船员更重要的呢？

但就令人心生敬畏而言，没有什么可以与天文学匹敌。令人高兴的是，天文学在学校课程中并不少见，这与考古学和人类学的情况不同。我记得我在学校里学习过有关行星、恒星和彗星的知识（作为普通科学的一部分——其实一点都不普通，而且有些压根儿就不是科学）。我甚至记得在一次考试中，我偷看了邻座文森特·迪纳托（Vincent Dinato）的试卷，因为有一道题要求我们说出所有行星的名字，但我怎么也想不起海王星了。我那次作弊一无所获，因为文森特的卷子上只写了火星、金星和地球，到头来反而是他抄了我的答案。如果我当时坐在米尔德丽德·瓦尔德曼（Mildred Waldman）旁边，那我和文森特的答案就完整了。但是，在五十年前学习天文学时，即使是最好的学生学到的知识也无法超越伽利略、第谷·布拉赫[1]和开普勒。有人笼统地提到过大爆炸理论，但没有证据。那时没有人对黑洞有任何了解，没有人去过月球，也没有卫星造访过火星。没有人从地球以外的地方看过地球是什么样子。我们甚至相信，太阳系一旦形成，就差不多会始终保持不变。在我写作的这一年[2]，休梅克-利维9号彗星的二十一块碎片以难以想象的速度撞向木星，这使我们能够亲眼看到，太阳系并非固定不变，而是一个持续发展的过程。可以这样说，它就在我们的眼前发生了变化。在我们惊讶的同时，我们还不免担心，如果我们自己的地球飞船被彗星撞击后会有什么后果，从人类的角度来看，这种担心太正常了。如果彗星造访地球，伊朗人和德国人、加拿大人和芬兰人之间的差异就会像地球上的某些部分一样瞬间烟消云散，这一点相信大家都会同意。

当然，在所有学科中，天文学最明确地将我们的地球描绘成一艘宇宙飞船，它的研究必定会提出有关人类的存在和使命的基本问题。例如，在宇宙中只有我们人类存在吗？在眺望浩瀚无垠的星系时，托马斯·卡莱尔[3]

1 第谷·布拉赫（Tycho Brahe，1546—1601），丹麦天文学家。——译者注

2 1994年7月16日，休梅克-利维9号彗星撞击了木星。——译者注

3 托马斯·卡莱尔（Thomas Carlyle，1795—1881），英国作家、评论家、历史学家。——译者注

心情沉重地进行了评论，提出了这个问题。“这真是一个可悲的景象，”他说，“如果其他星球上有人居住，何其悲惨而且愚蠢。如果没有人居住，又是何其浪费！”不过，大多数年轻人被宇宙的浩瀚无边以及其他宇宙飞船上存在生命的可能性所鼓舞，而不是因此感到沮丧。当然，对太空的着迷有不同的表现形式。低年级的学生可能会兴奋地通过绘画来想象其他宇宙飞船上的船员会是什么样子。高年级的学生，如果具备一些基本的物理知识，可能会乐于推测地球人如何与银河系其他地方的船员沟通。甚至可能有学生会在地球及世间万物似乎都与宇宙浑然一体这一事实中找到精神意义。据我们所知，宇宙中的一切都由同样的物质构成，并遵循同样的规则。因此，天文学为不同文化背景的人们几个世纪以来表达的直觉想法提供了验证。赫拉克利特曾经写道，一切即一。老子说，万物归一。苏夸米什印第安人酋长西雅图[1]宣称，世间万物彼此相连。似乎确实如此。即使是那些相信创世理论的人也会发现，现代天文学家的大爆炸理论与《创世记》的开端故事相差无几，这一点令他们感到鼓舞。想到四千年前一群骑骆驼的贝都因人在沙漠的夜空下围着火堆，他们可能会思考宇宙如何开始的问题，并得出

1　西雅图（Seattle，约 1790—1866），美国华盛顿州境内印第安人部落的领袖，西雅图市得名于他。——译者注

与20世纪末麻省理工学院的教授接受的叙事相似的说法，这说明了人类想象力的延续性，不能不令人振奋。这并不是说在讲授天文学时，我们得歪曲已知的东西去顺应其他的叙事（但是我们也许可以帮助创世论者根据天文学来解释**他们**的故事）。例如，我们对地球飞船**如何**形成有了一些知识；我们知道地球飞船是**何时**被创造出来的——大约五十亿年前；我们知道人类在宇宙中身处**何处**——我们身处的行星围绕一颗恒星运行，这颗恒星位于一个旋涡星系的边缘，这个星系靠近一个超星系团的外围。当然，我们不知道我们在这里是**为了什么**，这是天文学提出的问题，但又拒绝解决。事实上，大多数天文学家都可能同意，问这个问题没有任何意义。如果我们想讨论这个问题，他们会让我们从其他叙事中寻找答案。但是天文学家会达成共识：既然我们**已经**在这里，并且知道我们在这里，我们对这个星球就有不可推卸的责任，比如不破坏我们的大气层、不耗尽可用的氧气、不污染海洋。他们会同意，人类的贪婪、无知和冷漠对地球的威胁比彗星更大。

因此，如果我们想在年轻人中培养敬畏感、相互依存感和全球责任感，天文学是一门关键学科。但在这里，我必须谈谈应该如何讲授这门学科——一言以蔽之，要以历史的眼光来教学。每个学科都有其历史，正如我试图在下一章中展示的那样，要想揭示人类一直以来如何克服自己的错失，没有什么比追溯各门学科的历史更好的办法了，而天文学特别适合进行历史性讨论，因为这门学科中出现的错误以及对这些错误的纠正都得到了很好的记录。我们知道亚里士多德相信什么，知道托勒密相信什么，知道哥白尼相信什么，也知道伽利略相信什么，我们甚至知道他们中的一些人为自己的信仰付出了怎样的代价。乔尔丹诺·布鲁诺说，上帝“不是在一个太阳上得到赞美，而是在无数个太阳上得到赞美；不是在一个地球上得到赞美，而是在一千个地球上得到赞美，我的意思是，他在无数个世界里得到赞美”。因为他没有像伽利略那样放弃自己的信念，结果于1600年2月19日被活活烧死，尽管卢克莱修[1]比他早1500年就表达过相同的想法，而梅特罗多洛[2]比卢克莱修再早500年也说过同样的话。

我想表达的观点是，天文学是一个有关人类的故事，同样充满了我们在莎士比亚戏剧里看到的喜怒哀乐、人生百态、胜利和失败。这里有野心、贪婪、欺骗、迷信、崇高、惊奇，以及永远高于一切的好奇心。我们可以称天文学为科学，这是非常恰当的，但如果它讲授的是人们

1 卢克莱修（Lucretius，约公元前98—约公元前55），古罗马诗人和哲学家，代表作是哲理长诗《物性论》。——译者注

2 梅特罗多洛（Metrodorus），前苏格拉底哲学家，曾写过有关荷马史诗的作品，其解释体系的主要特点是，荷马史诗中的神灵和故事应被理解为代表物理力量和现象的寓言形式。——译者注

如何努力探索地球飞船身处何处以及是怎样到达那里的，我们也可以说这门学科是一门人文学科。在这里，我们可以把威廉·詹姆斯[1]关于什么是人文学科的观点作为指南。他说："以历史的眼光来教学，你就可以赋予几乎任何东西人文价值。在教授地质学、经济学和力学这些学科时，如果是以创造这些科学的众多天才不断取得的成就作为内容,那么这些学科就是人文学科。如果不这样教，那么文学就只是语法，艺术只是展品目录，历史只是一个个日子,自然科学只是填着公式和单位的表格。"[2]对此，我还可以补充一句，如果不这样教，天文学就变成了天体的名称，会诱使焦虑的学生在考试中作弊。

在结束这一章的时候，我还必须说，要想提高地球飞船这一叙事的重要性，外语教学（为了让学生能真正开口说一门外语）和比较宗教研究是不可或缺的手段。但是，由于我将在后面的章节中展开讨论，在这里就先点到为止。

---

1 威廉·詹姆斯（William James，1842—1910），美国心理学家和哲学家，美国机能主义心理学的先驱，实用主义哲学的主要代表。——译者注

2 转引自 Jacques Barzun，*The Culture of Desire*，Wesleyan University Press，第 110 页。

第六章　堕落天使

我不太确定是谁说的（可能是诺思罗普·弗莱[1]），但有人这么说过，文学作品中有三个人物天下无人不知：哈姆雷特、爱丽丝和夏洛克·福尔摩斯。我不知道莎士比亚和刘易斯·卡罗尔对自己的文学作品有何感想，但众所周知，阿瑟·柯南·道尔认为福尔摩斯是个讨厌鬼，他认为他写的福尔摩斯故事并不能代表他最好的作品。当然，具有讽刺意味的是，没有人阅读道尔自认为最好的作品，但每个人都在阅读他的福尔摩斯。

这样的事情偶尔也会发生在没有他们有名气，或者远远没有他们有名气的作家，比如我身上。在过去这些年中，我写了很多有关教育的文字，其中的一些想法在

1　诺思罗普·弗莱（Northrop Frye，1912—1991），加拿大文学批评家，著有《批评的剖析》（*Anatomy of Criticism*）等。——译者注

我看来比其他想法更加高明，原本希望读者会给予特别的关注。但是这些观点在很大程度上却被忽略了，主要是因为读者认为我加入这些想法是为了表现我的幽默感。我感到沮丧的原因有两个：第一，读者竟然会认为我的幽默感如此乏味；第二，**他们**对于可能性的想象力竟然如此有限。我说得对不对，你们可以自己判断。下面是我的一个想法。如果数学老师被分配去教艺术，艺术老师教科学，科学老师教英语，那么在某种程度上，我们就可以在一夜之间提高教学质量。我的理由如下：大多数教师，特别是高中和大学教师，都是教他们自己当学生时擅长的科目，他们会觉得这门科目既简单易懂又令人愉悦。因此，对那些不擅长该科目的学生，或不喜欢该科目的学生，或者两样都摊上的学生来说，这门科目会带给他们什么感受,这些老师是不可能理解的。设想一下，如果有那么一个学期，每个教师都被分配去教一门他们以前不喜欢或总是学不好的科目，那么教师就会被迫像大多数学生一样去看待学习中可能遇到的问题，会更多地以初学者的角度，而不是作为经验丰富的教师来看待问题。也许他们会发现教科书是多么枯燥乏味，会了解到担心犯错多么让人焦虑，可能会发现他们不得不忽略一个不经意间引起他兴趣的问题，只因为教学大纲没有涉及，甚至还可能发现有些学生比自己更了解这门科目。

然后，会怎样？

总而言之，我相信这种经历会让教师对自己过去的自以为是感到羞愧，甚至会有大开眼界之感。当教师们回到自己的专业领域时，他们可能会对如何教授他们的科目产生新想法，而且一定会对学生更有同情心。

我还有一个想法，绝对不是为了好玩：我们可以取消所有教科书，从而在一夜之间提高教学质量。大多数教科书质量堪忧，造成的结果是让人觉得该科目很无聊。大多数教科书写得干巴巴的，没有感情，它们没有“声音”，没有人的个性。它们与读者的关系与电话留言中所说的“如果你想得到进一步的帮助，请按 2”没什么差别。我发现麦片盒背面的使用说明写得比大多数教科书中描述美国内战起因的文字更有文采和说服力。关于语法课本的语言，我连谈都不想谈。借用莎士比亚的话，这对基督徒的耳朵来说是种折磨。但比这更糟糕的是，各种教科书关注的是呈现某个问题的真相（无论这个问题是什么），就好像它们都不容辩驳、不可改变。还有一点格外糟糕，教科书中通常不会提及是谁认为这些是某个问题的真相，或者“它”是如何发现这些真相的（教科书中没有“他”或“她”，也没有“我”或“我们”）。教科书对人类判断的脆弱性或模糊性毫无意识，也不会提及错误的可能性。教科书中呈现的知识是一种被获取的商品，而从来不是人类理解世界、战胜谬论、跌跌撞撞奔向真理的艰难过程。

在我看来，教科书是教育的敌人，导致了教条主义和无意义的学习。它们可能会给老师省去一些麻烦，但它们给学生的思想制造的麻烦却祸害无穷。

有一次，我在一群教师面前提出这一观点，其中一位教师问道："可是如果我们取消了教科书，拿什么来取代呢？"我的回答是这样的（我要再次强调，我这么说绝不是为了卖弄我的幽默感）："当年乔纳斯·索尔克[1]的疫苗消灭了脊髓灰质炎时，有没有人问，拿什么来取代它呢？"你可能认为当时我回答得很机智，确实如此。但那位老师应该得到一个更好的答案，现在我就要给出一个答案。但首先，我要提出另一个一直以来被大家忽视的想法。我承认，这个想法最早是里德·欧文（Reed Irvine）无意中提出的，他是一个名为"媒体准确度监督组织"（Accuracy in Media, AIM）的右翼团体的负责人。该组织的目的是对报纸、广播和电视进行监测，从中寻找左翼的偏见言论，一旦发现，就要予以揭露和谴责。几年前，欧文先生开始扩大他的监督范围，成立了"学术准确度监督组织"（Accuracy in Academia，AIA），其目

1 乔纳斯·索尔克（Jonas Salk, 1914—1995），美国实验医学家、病毒学家，发现和制造了首例安全有效的脊髓灰质炎疫苗。——译者注

的是揭露课堂上具有左翼偏见的言论。他们让学生私底下密切监视他们的老师上课时讲授的内容和发表的言论，从而使老师们的不准确表达、陈词滥调和不公正意见得到曝光。我们注意到，对于让学生间谍去评估老师所有言论的想法,那些具有“自由主义”倾向的人表现出不屑、恼火和义愤填膺，这可能并非完全没有道理。也许是这种偷偷摸摸的做法让他们感到不安，我希望是这个原因，因为如果除去这个因素，“学术准确度监督组织”是迄今为止最能帮助每个教师实现心愿的想法：首先，让学生全神贯注；其次，让他们进行批判性思考。当然，欧文的想法有个缺陷，他只让学生在一个方向上进行批判性思考。但这很容易纠正，教师只需要在每门课程开始时对学生说下面这一番话：

> 在这个学期里，我会讲很多很多话。我将讲课，回答问题，组织讨论。由于我是一个不完美的学者，而且更肯定的是，我是一个会犯错误的人，所以不可避免地会犯一些事实性错误，得出一些不合理的结论，另外也许会把自己的观点表达成事实。如果你们没有意识到这些错误，我会非常不高兴。为了尽量减少这种可能性，我准备任命你们为“学术准确度监督组织”的荣誉成员。你们的任务是不要放

过我的任何错误。在每堂课开始时，我会要求你们指出我在上一节课中所犯的任何错误。当然，你们必须说明**为什么**认为这些是错误，给出你们的权威依据，如果可能的话，提出你们的建议，用更真实、更有用、更不带偏见的方式来表述我所说的话。你们这门课程的成绩在一定程度上将取决于你们纠错的认真程度。为了确保你们上课的时候不会像很多学生那样无精打采，我将不时地故意加入一些明显错误的陈述和一些离谱的观点。

你们没有必要单独完成这项任务。你们应该和同学商量讨论，也许甚至可以组成学习小组，集体回顾我说过的内容。如果你们中有一个同学或几个同学要求在课堂上对我的某次讲课内容进行更正或者提出不同观点，我会感到非常高兴。

我希望读者能同意，上面的三个想法既不是为了搞笑也并非不切实际，我也不觉得它们是噱头。试图让教师重新认识教与学之间的区别，把用教科书包装的真理从课堂上剔除，让学生把注意力集中在错误上，这些都属于一种不常见的叙事，但我相信这是一种深刻的叙事，能够在学校里激起人们的兴趣和灵感。事实上，这种叙事驳斥了另一种在我们的学校教育中已经根深蒂固的叙事。我指的是那个以各种方式对学生说以下这番话的叙事：你们来学校是为了学习重要事实和永恒真理。你们的老师了解其中的很多内容，你们的教科书了解其他更多的内容。你们不需要知道它们来自哪里，也不需要知道它们是怎么来的。在任何情况下，让你们去了解那些**认为**自己发现了重要事实和永恒真理的人所犯的错误，都是在浪费宝贵的时间。学校不是记录错误的地方，而是揭示真理的地方。

我这么说有没有夸大其词？我认为没有。我上面写的那些句子，如果稍作变化、略加补充，表达的正是大多数学校对知识的态度（顺便说一下，特别是大多数大学），并且也解释了为什么开设一两门“批判性思维”课程根本没什么用。这也解释了之前提到的由 E. D. 赫希开展的“文化素养”项目为什么那么容易吸引人。那个项目的想法是让学生熟悉一千个事实，而不是让他们停下来了解这些事实是谁提出来的，我们是怎么知道这些事实的，为什么人们认为它们很重要，谁认为它们很重要。这直接导致了有时被称为“辩护主义”（justificationism）的心理状态。例如，就像亨利·珀金森在《错误的可能性》（*The Possibilities of Error*）一书中表达的那样，这个词指的是大多数人“自然而然”为自己的观点据理力争进行辩护的倾向，他们所做的不是对自己的观点进行解释，而是进行辩护。虽然我们都习惯于这样的行为，但如果我们鼓励每个人为自己的观点辩护和抗争，不允许别人批评，就好像我们压根儿不知道自己的观点有缺陷、不完美、亟待改进，你们难道不觉得这样的教育理念很奇怪吗？大概只有像讽刺小说家斯威夫特那样有才华的人才能揭示问题所在：首先，这种教育理念是多么让人反感；其次它又是多么有悖于人们的学习方式。约翰·杜威有句非常著名的箴言："在做中学"。我斗胆表达一下不同的意见，尽管我们可能从做中学，但我们从失败中学到的更多——通过试验和错误，通过犯错，纠正错误，犯更多的错误，继续纠正错误，如此不断反复。一直以来，我们都需要有人来纠错，这需要教师、学生和教科书参与其中。让我们来设想一所按照以下原则来办学的学校：无论我们有什么想法，在某种意义上我们都是错误的；我们可能缺乏足够的事实去支持某个观点；我们拥有的一些事实可能因为某种郁积的情绪而导致扭曲失实；我们得出的结论可能不完全符合逻辑；我们采用的一些定义可能不适用；我们可能只是在重复我们听到过的一些权威人士表达的想法，而没有仔细审视其含义。让我们来想象一所有以下认识论叙事的学校：它的目的不是要培养一群固守信念的狂热分子，而是要培养能充分意识到自己和他人都会犯错而继续学习的人。

要如何才能建立这样的学校呢？要想实施任何计划，首先一定要换一种新的方法来培养教师，因为要建立上面描述的学校就必须重新调整教学重点。从目前的情况来看，教师很容易把自己当作真理的讲述者，希望通过向学生揭示或让他们发现不容置疑的真理和恒久不变的思想来扩展他们的智力。我想提出一个不同的比喻：教师是错误检测者，希望通过帮助学生减少知识和技能中的错误来扩展他们的智力。请允许我说句不中听的话，这样一来，教师将更加关注如何让学生变得不那么愚蠢，而非如何让学生变得聪明。这不是一个语义表达差异的问题，就算是，也不是一个“单纯的”语义表达问题。事实上，这正是医务工作者和法律工作者的观点。医生当然知道什么是健康，但他们的**专长**体现在他们有能力诊断疾病并提供治疗手段上。这就是为什么在接受病人咨询时，他们的第一个问题，也是最重要的问题是：你哪里不舒服？

对律师来说也是一样，他们的专长体现在他们有能力发现不公正现象并设法消灭它们。事实上，实际情况就是如此。对大多数医生来说，健康的定义是没有疾病；对大多数律师来说，正义的定义是没有不公正现象。我们可以说，医生和律师的功能就像是止痛药。好的医生和律师知道如何让我们免受疾病和不公正现象造成的痛苦。我要建议的是，教师应该也要承担起止痛药的角色，他们的目的是让学生发现自己的错误，从而免受因此带来的烦恼——这些错误存在于他们了解的事实、他们的推论、他们的观点、他们的技能和他们的偏见中。

要培养教师以这种方式处理问题并不容易。与对疾病和不公正现象的研究不同的是，很少有人会对错误进行系统性的研究。但这并不意味着从未有人研究过错误，许多广受赞誉的书籍都以人类犯下的错误为主题。柏拉图的早期对话除了对错误的深思外，几乎没有其他内容。苏格拉底承认他不知道什么是真理，所以他花时间去揭露那些自以为掌握了真理的人的错误看法。我还想到了伊拉斯谟[1]的《愚人颂》以及乔纳森·斯威夫特的《格列佛游记》。在更现代的书籍中，此类书籍还有雅克·埃吕尔[2]的《新常识批判》(*A Critique of the New Commonplaces*)、斯蒂芬·杰伊·古尔德[3]的《人类的误测》(*The Mismeasure of Man*)、I. A. 瑞恰

---

1 伊拉斯谟（Erasmus，1466—1536），文艺复兴时期荷兰人文主义思想家和神学家。——译者注

2 雅克·埃吕尔（Jacques Ellul，1912—1994），法国学者，当代最有影响的技术哲学家之一。——译者注

3 斯蒂芬·杰伊·古尔德（Stephen Jay Gould，1941—2002），美国演化生物学家、古生物学家、科学史学家和科普作家。——译者注

慈[1]的《实用批评》(*Practical Criticism*)、米娜·肖内西(Mina Shaughnessy)的《错误与期望》(*Errors and Expectations*)以及 S. I. 早川[2]的《思想与行动中的语言》(*Language in Thought and Action*)。

这类书籍通常不会被列入教师培训书目。如果读过这些书，教师可能会得出三个强有力的结论。第一个结论是，每个人都会犯错，包括那些研究错误的写作者。我们中没有人是不犯错误的，当我们认为自己不会犯错时,我们其实处于最危险的境地。这世上的错误不计其数，其中也包括我们自己犯的错误，知道这个事实会让教师产生一种谦卑感，顺便也让他们感到安心，因为他们永远不会因为自己派不上用场而被淘汰。

第二个结论是，错误是可以减少的。目前，教师们把宝贵的时间消耗在对智力的毫无意义的争论上，他们争论智力是否固定不变，智力主要是靠遗传还是受环境影响，有哪些类型的智力，甚至还争论不同种族的智力水平如何。围绕错误进行这种争论毫无必要。错误是一种行为形式，它不是我们**拥有**的东西，而是我们**所做**的事情。

---

1 I. A. 瑞恰慈(I. A. Richards, 1893—1979),英国文学评论家、语言学家、诗人和教育家。——译者注

2 S. I. 早川(S. I. Hayakawa，1906—1992)，日裔美籍语言学家、作家、政治家。——译者注

与智力不同，它既不是一种隐喻，也不是一个通过测试的分数推断出来的假定概念。我们可以看到错误，读到它，听到它，而且有可能减少它的存在。

第三个结论是，错误主要是通过声带、舌头、嘴唇和牙齿犯下的，也就是说，错误主要体现在说话中。诚然，我们的说话方式是由我们管理思维的方式控制的，没有人很确定“思维”是什么，但我们**可以**确定的是，思维的主要表现形式是句子。我们思考时，主要是在脑子里组织句子；我们犯错误时，我们是在组织错误的句子。甚至在我们犯了一个非语言错误时，在行动之前我们已经通过自言自语的方式，让自己相信这么做是正确的。简而言之，是话语引发了行动。这一事实为教师提供了一个他们可以成为“专家”的特定领域：他们的专长在于，他们了解那些会导致不必要伤害、失败、误解，甚至痛苦的说话方式，从而可以帮助学生。

我相信伯特兰·罗素有类似的想法，他说教育的目的是帮助学生抵制“雄辩术的诱惑”，包括他们自己的“雄辩术”，也包括其他人的“雄辩术”。正如我之前已经提到的，古希腊人——我指的是那些智者——相信，通过对语法、逻辑和修辞的研究，他们将获得一堵坚实的防御墙。他们认为这些语言艺术是所谓的“元主题”，即关于主题的主题，而这些元主题的规则、准则、原则和洞察对思考**任何**问题都是有用的。

伊拉斯谟（在他的《愚人颂》中）嘲笑那些认为学习语言没有意义的人，他尖锐地讽刺道："……如果每个人都说着相同的语言，但除了听懂彼此的话之外没有其他意图，那么语法有什么用？如果没有人会为一语双关的词语争执不休，那么逻辑有什么用？如果没有诉讼，那么修辞技巧有什么用？"

他想说的是，作为人类，我们总是难以理解彼此，总是为词语的意义争吵不休，总是声称我们受到了别人的伤害。人和人之间发生的任何事情，没有哪一样不是通过语言引发、商议、澄清或神秘化的，包括我们获取知识的努力。希腊人，还有中世纪的学者们，都明白一个似乎已经被我们忘记的道理：所有学科都是一种话语形式，因此几乎所有的教育都是一种语言教育。了解一门学科，在很大意义上就是了解该学科的语言。说到底，生物学不是植物和动物，而是一种用于谈论植物和动物的特殊语言。历史不是曾经发生的事件，而是根据历史学家制定的规则来描述和解释事件的语言。天文学不是行星和恒星，而是一种谈论行星和恒星的特殊方式，与诗人用来谈论它们的语言完全不同。

因此，学生必须知道一门学科所用的语言，但这仅仅是个开始。因为仅仅知道一个名词或一个基因或一个分子的定义是不够的，人们还必须知道什么是定义。仅仅知道正确的答案是不够的，人们还必须知道产生这些答案的问题。事实上，人们还必须知道什么是问题，因为并不是每一个以升调结束或以疑问词开始的句子都一定是问题。有些句子看起来像问题，但不能产生任何有意义的答案，而且，正如弗朗西斯·培根所说，如果它们在我们的头脑中盘旋，就会阻碍我们清晰地思考。人们还必须知道什么是隐喻，以及词语和它们所描述的事物之间是什么关系。简单来说，一个人必须对元语言（一种关于语言的语言）有一定的了解，才能认识到错误，才能保护自己不受雄辩术的诱惑。

在后面的章节中，我将对这样一种元语言能给现代学生带来什么做一番更详细的描述。在这里，我想提出一些其他训练学生成为错误检测者的方法：例如，所有科目都要从历史角度来进行教学。我想不出有什么更好的办法可以证明，知识不是一成不变的，而是一场不断战胜偏见、权威主义，甚至“常识”的斗争。每一门学科当然都是有其历史的，包括物理学、数学、生物学和历史学本身。我之前曾引用过威廉·詹姆斯的话，大意是任何学科如果用历史的眼光来教都会变成“人文”学科。几乎可以肯定的是，他认为，没有什么故事比讲述我们的错误，讲述我们如何设法改正错误，然后继续犯错，继续改正错误的故事更具有人性了——这些故事循环往复没有尽头。罗伯特·梅纳德·赫钦斯[1]将这些故事称为“伟大的对话”，这是一个动态而准确的隐喻，因为它不仅表明知识是由一个思想家传给另一个思想家的，而且还表明在“对话”进行的过程中，知识被修改、完善和纠正。

如果在讲授原子的时候不谈及德谟克利特，讲授电的时候不谈及法拉第，讲授政治学的时候不谈及亚里士多德和马基雅维利，讲授天文学的时候不谈及托勒密，那就是剥夺了我们的学生走进“伟大的对话”的机会。“如果你对出生前发生的事情一直一无所知，那你就一直是个孩子。”西塞罗如是说。他接着补充说：“如果一个人的生活不能融入其祖先的生活，不能被放置于历史背景中，那么他的生活又有什么价值呢？”当我们把祖先的生活纳入我们的教育中时，我们发现，他们中有些人是伟大的错误制造者，有些人是伟大的错误纠正者，有些人既是错误制造者也是错误纠正者。在我们发现这一点时，我们完成了三件事。首先，我们帮助学生认识到，知识是人类发展的一个阶段，有过去和未来。第二（这肯定会让 E. D. 赫希教授感到高兴），我们让学生了解构成“文化素养”

---

1 罗伯特·梅纳德·赫钦斯（Robert Maynard Hutchins，1899—1977），美国教育哲学家，曾担任耶鲁大学法学院院长和芝加哥大学校长。——译者注

的人物和思想——也就是说，让他们了解那些人的思想从何而来，我们是如何获得这些思想的。第三，我们让他们知道，错误并不可耻，它是我们增进理解的手段。

当然，为了确保大家能相信上面三件事中的第三点，我们必须在所谓的“课堂环境”中做出改变。现在的课堂很少容忍错误，这就是学生们作弊的原因之一，也是他们感到紧张的原因之一，同时也是许多学生不愿意发言的原因之一。这当然也是学生（还有我们其他人）拼命为他们认为自己知道的东西辩护的原因。在不同程度上，犯错是一种耻辱，人们要为此付出沉重的代价。但是，假设学生们发现自己身处的地方情况并非如此，那又会怎样？在他的《思维风暴》（*Mind Storms*）一书中，西摩·佩珀特认为，在课堂上使用计算机的最好理由之一是，计算机**迫使**环境对错误更加宽容。学生们通过犯错和纠错不断接近正确的答案（至少在数学中是如此）。计算机不会因为学生犯错而羞辱他们，而是鼓励他们再次尝试。如果佩珀特是对的，那么我们确实有很好的理由让学生使用计算机。当然，如果他是对的，这也是对教师的一种侮辱。难道只有通过引进机器，我们的课堂才能把试错作为一种可接受的学习模式，才能不把犯错作为一种要受到惩罚的罪行吗？

假设教师明确表示，不要认为在课堂上介绍的所有材料都具有权威性而不可改变，实际上它们都是有问题的，例如教科书。（这里我会更严肃地回答那位想知道如果没有教科书我们该怎么办的老师。）当然，最好的办法是把它们彻底淘汰，用教师个人精心挑选的文件和其他材料取而代之（不然要复印机干什么？）。但是，如果淘汰教科书过于极端，那么我们也可以保留它们，但要改变它们原来惯常的使用目的。我们先设定一个前提，即教科书是某个特定的人在试图向我们解释某些事情，从而告诉我们某种真相。但我们会知道这个人不可能告诉我们全部真相，因为没有人能知道全部真相。我们会知道这个人有某些成见和偏见，因为每个人都有成见和偏见。我们会知道这个人的话里一定会有一些有争议的事实，有站不住脚的意见和错误的结论。因此，我们有充分的理由把这个人的教科书作为一个调查对象。里面可能漏了什么内容？有哪些偏见？有哪些有争议的事实、观点和结论？我们将如何着手进行这样的调查？我们会去哪里核对事实？到底什么是“事实”？我们将如何着手揭开偏见的面纱？我们根据什么来判断一个结论是不合理的？

赫希教授对这种方法感到担忧，事实上，他谴责这种方法，因为他认为通过学习如何学习，学生们会偏离轨道，无法获得“受过良好教育者”必须知道的事实。但是，采用这种方法会让学生能够如我们希望的那样学习教科书中的“事实”和“真理”，同时还能让他们学会如何抵御某些“事实”和“真理”。我们希望我们的学生知道什么是名词吗？教科书会告诉他们，但这只是学习的开始，不是结束。这个定义是否清楚？它是否涵盖了所有情况？是谁给出的定义？有没有人提供过不同的定义？

我们想让学生知道什么是分子吗？教科书会告诉他们。但接下来问题来了。有人见过分子吗？古人相信有分子吗？分子是被发现的还是被发明的？是谁发现或发明的？假设有人不相信有分子，怎么办？

我们希望学生了解美国独立战争的起因吗？教科书会给出一些原因，但那些原因是通过谁的视角提出的？有没有提供什么证据？对历史来说，客观性意味着什么？是否没有办法找出“真正的”真相？

如果学生们致力于这样的探究，他们将不可避免地发现，因为描述事实和表达真相的环境发生了变化，事实和真相会发生一定程度的变化。他们会发现，人类犯错是多么平常，他们为自己的错误辩护时会多么固执，不论是过去还是现在，纠正错误是一件多么困难的事。现在的我们相信血液是在体内循环的吗？在研究生物学的历史时，学生们会发现，即使是在哈维证明了血液在体内循环 150 年后，一些最好的医生仍然不相信这一事实。

学生们会如何看待伽利略在酷刑威胁下被迫否认地球围绕太阳运转的事实？如果学生们了解了美国**支持**奴隶制的论点，他们会怎么想？

我们的学生会因为了解了这些而变得愤世嫉俗吗？我认为不会——至少如果他们接受的教育能告诉他们下面这些实话，他们就不会变得愤世嫉俗：因为我们是不完美的人，所以我们的知识也是不完美的。获得知识的历史是一场克服错误的冒险。犯错并不是罪恶，真正的罪恶是我们不愿意审视自己的信仰，并且相信我们的权威人物不可能犯错。

这样的实话不仅不会培养出愤世嫉俗的人，反而有可能培养一种健康的、有创造性的怀疑精神。这与愤世嫉俗是完全不同的，它反对让学生成为腹语表演中的假人。它为学生带来了希望，让他们为自己成为“伟大的对话”的一部分而感到兴奋，并从中找到了使命感。

由于我在本章开始时提出了三个没有得到应有重视的想法，我将以另一个可能遭受同样命运的想法来结束本章。我建议对课程设置中的每门课都进行以下形式的考试，我们可以把它看作“最后”的考试：

> 请描述学者们在（生物学、物理学、历史学等学科）中所犯的最严重的五个错误。请说明它们为

什么是错误，谁犯了这些错误，主要是哪些人纠正了这些错误。如果你能描述一个由纠错者犯下的错误，你可以获得附加分。如果你能指出一个我们目前对（生物学、物理学、历史学等学科）的见解中可能存在的错误，你可以获得更多的附加分。如果你能指出目前存在于你自己思想中的某个坚定信念可能存在的一个错误，你将获得更多更多的附加分。

你能想象这样的题目出现在美国的大学入学考试中吗？

第七章　美国实验

在我面前的是一份《纽约州课程和评估委员会报告》（日期为 1994 年 4 月）。光看这名字，你就马上知道，阅读这样一份报告很可能是一种痛苦的经历，因为委员会撰写的报告从来就不太好懂，更别说有什么文采了。尽管如此，我还是读了这份报告，发现里面都是些套话，也就是说，里面充斥着陈词滥调，而且是用烂了的陈词滥调。该报告旨在落实（它是这么说的）“根据大学董事会 1991 年通过的《学习新契约》”提出的建议。在这个新契约的“关键原则”中，有一条是“所有儿童都能学习”，这让人想到，旧契约假定只有部分儿童能学习，甚至只有少数儿童能够学习。新契约的另一条关键原则是，教育应该“以熟练掌握知识为目的”，这个想法可能是以前的教师从未有过的，否则为什么委员会需要三十位杰出的教育家来贡献他们的集体创意。第三条原则（一共只有六条）是教育应该奖励成功,改进失败。如果有商量的余地，这条原则会相当有意思。例如,我们可以提出一个观点(我在上一章中差不多已经提出了)，即如果奖励失败，改进成功，也许效果会更好。

我还可以继续数落下去，但我的意图并不是要分析这份报告。在这个世界上，在美国，甚至在纽约州，都不可能有很多人会非常关心纽约州大学董事会的专家们提出了什么观点。但有一个他们**没有**提出的观点却应该引起大家的注意。报告的附录中列出了四十一个关于“儿童应该成为怎样的人、应该知道什么、应该能够做什么”的培养目标。这些目标的表述方式非常具体地说明了小学生、初中生和高中生必须了解、习得、发展、应用、尊重和实践哪些东西。正如你可以想到的，这里有很多事情需要做，包括一些可能和学校无关的事。但是，且不管和学校有没有关系，我们应该要求学生培养自尊，理解来自不同文化传统的人，加深对艺术的认知和欣赏。还有许多其他类似的目标，相信没有人会不同意。但有一个目标是明显缺失的,至少在我看来是这样。我指的是“培养和 / 或加深对自己国家的热爱”这一目标。人们原本以为，在这四十一个为美国学生（免费上学，而且几乎是想上多久就上多久）设计的目标中，其中至少应该有一个目标是鼓励学生热爱自己国家，哪怕是那种不明确表露的爱。我得承认，这四十一个目标中确实有一个目标说的是学生应该获得有关“美国在国家、州和地方各级的政治、经济和社会进程及政策”的知识，但这种语言给我的感觉是冷冰冰的，没有情感，特别是紧跟其后的就是建议学生要学习其他国家的同类知识。此外，还有一些目标是关于学生应该学习尊重公民价值，培养参与民主自治所需的态度。我想，撰写这个目标的人肯定会把美国作为民主自治的典范，不过没有明说。关于参与民主自治所需的态度，他们没有提及要尊重美国传统以及美国对世界文明所做的贡献，更不用说是热爱了。他们确实列出了一份学生应该接受的“价值观”清单，如正义、诚实、自律、正当程序、平等、尊重少数人权利的多数统治。这每一项是“价值观”，但更是一个个争论的焦点，美国人对这些抽象表述的含义进行了伟大而持续的争论。但是，学生们也许并没有机会了解这些争论，因为在这份目标清单中根本没有提及要学习有关美国历史的知识。

我这一章以纽约州的教育专家开篇，并不是因为他们与众不同，恰恰相反，是因为他们很典型。他们不愿意把爱国主义作为一种“价值观”，这反映了整个国家的一种趋势，即对爱国主义可能产生的后果感到某种不安。

现如今，人们肯定会更强调爱自己而不是爱国家，我认为，这意味着菲利普·里夫在论述“治疗的胜利”时是有预见性的。[1]在任何情况下，这种对爱国主义的不安至少是可以理解的，因为爱国主义思想太容易被转化为一种盲目的、排外的民族主义，例如佛罗里达州的爱国主义者坚持要让学生学习“美国胜过所有其他国家”这种观点。我觉得，回避爱国主义的另一个原因是最近“修正主义”历史的兴起，这使人们对美国历史和文化中的丑陋面目有了更多认识。教师们很可能会认为，爱自己，或者说，爱美国之外的文化是一条更加安全健康的可选之路。但在回避爱国主义的同时，教育者们也错过了一个机会：为学校教育提供一个深刻的具有超验性的叙事，以此来教育和激励所有年龄段的学生。当然，我指的叙事是把美国作为一个伟大实验，作为一个允许人们不断争论的中心。

展开这个叙事的方法有很多，每个教育阶段的优秀教师都能想到几种，只要他们相信这个叙事是有价值的。

---

1 美国社会学家菲利普·里夫（Philip Rieff）在1966年出版的经典著作《治疗的胜利：弗洛伊德之后的信仰用途》（*The Triumph of the Therapeutic: Uses of Faith after Freud*）中，追溯了“心理人”（区别于之前的“政治人”“宗教人”“经济人”这些概念）的产生，指出在不远的未来，对个人成就和个人自由的追求会取代对传统宗教团体的共同承诺。——译者注

下面这些想法都是一些可能采用的方法，我希望，无论采取何种方法，每个教师都应该已经读过以下这些文件和书籍：托马斯·潘恩的《人权论》、《独立宣言》、《美国宪法》、亚历克西斯·德·托克维尔的《论美国的民主》、葛底斯堡演说、《解放宣言》、《哈克贝利·芬历险记》、《红字》、约翰·杜威的《民主与教育》、约翰·肯尼迪的就职演说，以及马丁·路德·金的演讲《我有一个梦想》。

如果哪位教师没有读过这些材料，我会非常不赞成让他或她与美国儿童密切接触。但是，假设一位教师知道这些文件和书籍的重要性，那么他或她就可以向孩子们介绍一些具有美国文化特色的伟大实验，这些也是一直以来让世界上其他国家啧啧称赞的实验。我认为有四个实验可以涵盖美国人有过的大部分重要争论。

像所有的实验一样，这四个实验中的每一个都始于一个问题。第一个问题当然是，是否可能拥有一种具有凝聚力和稳定性的文化，允许人们在宗教和政治方面拥有最大程度的思想自由和表达自由？这个问题的源头早于美国建国。在考虑这个问题时应该追溯到多远，这要取决于学生的年龄和经验。我认为，五年级的学生至少应该了解一下约翰·彼得·曾格，以及他的费城律师安德鲁·汉密尔顿就这一问题提出的论点。（如果学生知道那个想让曾格因印刷报纸而入狱的人叫威廉·科斯比，也就是比尔·科斯比，他们可能会感兴趣。）[1] 我认为五年级、六年级，当然还有七年级的学生有能力理解 18 世纪对诸如自由、平等、正当程序和国王的神圣权利这些表述的含义所进行的争论。随着学生年龄的增长，他们可能会开始了解一些不太为人所知却很有意义的有关某些关键概念的含义的争论。托克维尔认为利己主义和个人主义不同，但两者都是危险的，这是一个有点复杂的论点，值得让十年级或十一年级的学生认真思考。

如果我们的教育目标是“熟练掌握知识”，我希望让任何一个无法熟记第一修正案的八年级学生留级，毕竟这是关于言论自由可允许范围的具有法律约束力的答案（或者，与其说是一个答案，不如说是一个仍在测试中的假设）。我知道现代的教育家们不赞成让学生背诵任何东西，他们将这种任务归在“死记硬背”这个可怕的名目

---

1 1733 年 11 月 5 日，约翰·彼得·曾格（John Peter Zenger）创办的《纽约周报》（*New York Weekly Journal*）出版，因其风格犀利引起当局不满，总督威廉·科斯比爵士（Sir William Cosby）以“对政府进行无耻中伤和恶毒谩骂，试图煽动反政府情绪”的罪名于 1734 年 11 月 17 日将曾格抓捕。费城律师安德鲁·汉密尔顿（Andrew Hamilton）主动要求做曾格的辩护律师，使陪审团做出无罪裁决。曾格后来成为美国新闻界的英雄，汉密尔顿为自由所做的辩护，也为他赢得了美誉。另外，英语中 Bill（比尔）是 William（威廉）的昵称，学生们知道的比尔·科斯比是一位与威廉·科斯比爵士同名的著名脱口秀戏剧演员，他们可能会以为是这位演员让曾格入狱的。——译者注

下。我同意不能让学生与教师玩“猜猜老师想要什么答案”这种游戏，但我认为这个立场并不意味着不能要求学生熟记美国理念的某些基本表达方式。不管怎么说，第一修正案只有四十五个词，我无法想象，学生们的大脑会因为按照顺序记忆这些文字而受到损害。（葛底斯堡演说的长度不到三百个词，可是有老师告诉我，背诵这些内容已经超出了许多学生的能力范围，但是如果配上音乐，也许他们能记得住。）

我既没有资格教历史课，也不想教历史课，更不想设计历史课程。我只想进一步说明三点：第一点，很显然，随着学生从小学升到中学再升到大学，他们必须深化对美国言论自由这个实验的研究，他们需要思考的论点必须逐渐复杂化，他们要阅读的包含这些论点的文件必须逐渐多样化。第二点，在任何时候都应该明确，这些论点都不是定论——过去的人满怀激情地讨论这些论点，今天的人仍然带着同样的激情在讨论，特别是那些显然与现代问题有关的论点。色情书刊是否受到第一修正案的保护？“新闻自由”是否包括电视？公立学校中的祈祷是否违反了“确立国教”的条款？[1]这些都是有争议的问题。我认为，

1 第一修正案的内容为：“国会不得制定关于下列事项的法律：确立国教或禁止信教自由；剥夺言论自由或出版自由；剥夺人民和平集会和向政府请愿伸冤的权利。”——译者注

如果我们的学生要参加“伟大的美国对话”，就必须对这些问题有所了解。事实上，如果需要让学生通过考试来证明是否“熟练掌握知识”（比方说，证明已经获得从中学毕业的资格），那么我建议用下面的形式：选取目前有关第一修正案意义的一个论点，假设你是托马斯·潘恩（或托马斯·杰斐逊，或詹姆斯·麦迪逊），请写出你的观点。当然，你必须参考他们自己当年写的文字，你可以把你认为需要的文件带到课堂上。

如果学生觉得这种考试太难，这里有一个替代方案：重写第一修正案，纳入你认为在当今世界有必要予以保护的事项，删去那些你认为不再需要保护的事项。你也可能既不希望增加也不希望减少条款，而是要阐明现有第一修正案中的某些词和短语。请解释你为什么要做出修改，或者，如果你不做修改，请解释为什么不需要修改。

如果学生觉得这个问题还是太难，我们可以考虑要求他们倒回去——也就是说，让他们再做一次十二年级的学生。如果让他们在一个声称支持民主自治的国家里放任自流，那就太危险了。

当然，需要指出的第三点是，构成“权利法案”的还有另外九条修正案，其中大部分——特别是第二、第四、第五和第六修正案，从一开始到现在一直是激烈争论的焦点。例如，有人将第二修正案理解为政府不能禁止公民拥有武器。还有一些人认为它根本没有这个意思。1994年7月，在一个世界瞩目的案件（O. J. 辛普森的双重谋杀案）中，一名法官被要求对第四修正案中的一个问题——某些证据是不是侦探非法获得的——进行裁决。有一些执法人员认为，如果在实施逮捕时不向嫌疑人宣读米兰达权利[1]，他们并没有违反第五修正案，这个看法与最高法院的裁决相反。这些争论还在继续，每个人都有权参与。如果我们说这些争论是美国实验的活力和荣耀，这不算言过其实吧？如果我们希望我们的年轻人能够学会尊重传统，并从中得到启发，这不算是一种奢望吧？

第二个伟大的美国实验大约始于19世纪中期，这个实验提出的问题是：来自不同语言、宗教、传统和种族的人是否能够共同组成一种具有凝聚力和稳定性的文化？亨利·亚当斯[2]认为答案是否定的。亨利·詹姆斯[3]同意他的看法，T. S. 艾略特想到这种可能性就害怕，他干脆搬离美国到英国定居。另一方面，有德国血统的门肯认为，那些自称是盎格鲁-撒克逊白人新教徒的人不仅不是真正

1 美国刑事诉讼中的米兰达权利，即犯罪嫌疑人保持沉默的权利。——译者注

2 亨利·亚当斯（Henry Adams，1838—1918），美国历史学家，曾任美国历史学会主席。——译者注

3 亨利·詹姆斯（Henry James，1843—1916），美国小说家，心理分析小说的开创者之一，20世纪小说意识流写作技巧的先驱。——译者注

的盎格鲁-撒克逊白人新教徒，而且非常无能，在智力上也比不上大批来到美国的“少数族群”。但这些来美国的少数族群在人数上并不相等，部分原因是移民法赋予了不同群体以不同的价值。因此，从一开始就出现了各种争论，而且一直持续到今天。美国应该接受所有人吗？有些群体是否比其他群体好？如果要进行区分，我们应该依据什么来区分？（早期的一些智商测试显示犹太人智力低下，从而支持了应该限制他们入境人数的论点。）英语应该是美国的官方语言吗？当然，还有一个所有问题中最令人头疼的问题：我们该如何针对奴隶制和种族歧视遗留下来的持续影响采取补救措施？我们的人口中还有相当大一部分人仍然深受其苦，他们受到的伤害是否会得到补偿？

我并不是说，关于这些问题的争论现在（或过去）一直是理性的。在许多争论的背后，暗藏着恐惧、无知或（更糟糕的）错误信息。但是，只要争论还在继续，就有可能减少恐惧，战胜无知，纠正错误信息。难道会有人认为我们的学生不应该了解关于这些争论的历史吗？是什么让亨利·亚当斯那么不满？（如果我们的学生还读不了《亨利·亚当斯的教育》[1]，那么一个高素质的老师

1 《亨利·亚当斯的教育》（*The Education of Henry Adams*），亨利·亚当斯的自传。该书记录了亚当斯从童年到晚年的生活和经历，涉及他对于美国社会、政治和文化的看法和反思，以及他对于教育、（转下页）

完全可以概述一下他的论点。）是什么让 T. S. 艾略特感到恐惧？如果要让学生读他的书，我建议先读他的《基督教与文化》[1]，然后再去读他的诗歌。如果我们要读诗歌，那么要求学生熟记埃玛·拉扎勒斯的诗歌《新巨人》算不算要求太高？（这首诗已经被谱成歌曲，这可能会让它像布鲁斯·斯普林斯廷的《生在美国》[2]一样好记。）毕竟，这首诗表达的是美国应该成为怎样的国家。在任何情况下，我都相信教师们可以找到合适的材料来表达这个观点：美国过去是一个大熔炉，现在还是一个大熔炉，关于这个巨型社会实验的优缺点，人们一直以来都在争论不休，现在仍在继续。如果美国学生在这个问题上没有自己的看法，我会感到非常惊讶，因为这个问题可以让他们了解历史，并塑造他们对未来的态度。

第三个伟大的实验始于 19 世纪末。由于第二个实验导致了美国社会人口的文化多元现象，这个实验面临着更大的挑战。这个实验提出的问题是：有可能为所有公民提

（接上页）科技和历史的深入思考。1919 年，该书获得普利策奖。——译者注

1 《基督教与文化》（*Christianity and Culture*），T. S. 艾略特关于宗教、文化和现代社会的哲学著作，讨论了基督教与西方文化的历史和现状之间的关系。——译者注

2 布鲁斯·斯普林斯廷（Bruce Springsteen），美国摇滚歌手、词曲作者。《生在美国》（"Born in the U.S.A"）是其代表单曲。——译者注

供免费的公共教育吗？美国人并没有一直认为应该这样做，但近一个世纪以来也没有人提出过像样的反对意见。近年来出现了一些支持私营公立学校的观点（即学生上学可以免费或基本免费，同时让企业家能够营利）。这个观点最有力的倡导者是克里斯托弗·惠特尔。在本书写作时，据说他的“爱迪生计划”已经与马萨诸塞州的三所学校签订了管理合同,并有望和更多学校签约。他认为，用自由市场的方法办学将为年轻人提供更好的教育。他遭到了全国教育协会的强烈反对，该协会的现任主席基思·盖格（Keith Geiger）说，美国人希望“为他们的孩子提供基于社区的教育，而不是企业强加的教育”。[1]

这是一场有趣的争论，其结果将产生重大的社会和政治影响。但我认为，这场争论还不如以“什么是教育”为中心的争论有趣。一直以来老师们都不愿意向学生提出这个问题，尽管高中生的智力已经足以思考这个问题，我相信我这么说是有依据的。事实上，教育作为一个研究对象即使是在大学里也很少被认真对待，其中的缘由如果要讨论起来我觉得会很痛苦。我们只需要指出一点，世界上许多最受尊敬的哲学家都写了大量关于教育的文章。孔子和柏拉图就是我们今天所说的“课程

1 *Washington Post*，1994 年 7 月 29 日，B3 版，第 1 栏。

专家”[1]。西塞罗、昆体良、伊拉斯谟、洛克、卢梭和托马斯·杰斐逊都写过关于这个问题的文章。伟大的英国诗人约翰·弥尔顿想到自己要写一篇关于教育的文章时激动不已，他称教育改革是“有待思考的最伟大、最崇高的计划之一”。在现代，像威廉·詹姆斯、伯特兰·罗素、阿尔弗雷德·诺思·怀特海，当然还有约翰·杜威这些令人敬畏的智者都关注教育问题。路德维希·维特根斯坦和卡尔·波普尔都当过小学老师，他们必然会对这个问题进行深入思考。

我想说的是，关于何为教育以及应该如何开展教育有大量的材料。美国人在这些方面很有想法，因为正是他们发明了大众教育的理念，一直以来他们特别热衷于争论学校应该怎样对待他们的年轻公民。我们这里有很多鼓舞人心的观点，应该让学生知道。经验丰富的教师自然知道如何做这件事，也知道何时做这件事，但下面这几个观点应该被放在最重要的位置：第一，他们能够理解什么，他们对什么感兴趣，他们想如何改变？既然这些问题与**他们**（即学生）有关，那么他们就有权发表意见。第二，虽然人人都可能就教育问题发表明智的意见，但没有人能够发表具有决定性的意见。第三，没有什么

1 课程专家（curriculum specialist），其职责包括评估教学计划、选择教科书和教学技术、培训教师，有时还开发课程。——译者注

智性活动比争论教育的意义更具有美国特征，尤其是在学校里。美国人依赖学校来表达他们的自我认知，这种依赖甚至超过了他们对法院的依赖，这就是为什么他们通常会为学校里发生的事情争论不休。

与其他两个伟大的实验一样，第四个实验开始于19世纪，但在20世纪产生了巨大的力量。它提出了以下问题：是否有可能允许技术不受控制地发展，同时又保留美国最好的传统和社会制度？一些读者知道，我在以前的著作中已经讨论过这个问题，并与刘易斯·芒福德[1]和雅克·埃吕尔等人的观点一致，我们的回答是否定的。但我知道，有许多严肃而杰出的社会批评家做出了肯定的回答。不仅如此，大多数美国人似乎也做出了肯定的回答，但如果我没有弄错的话，他们心里其实在暗暗担心自己可能回答得太仓促了。不管怎么说，美国正在进行一个实验，而且全世界的人都睁大了眼睛在监督。由于大多数工业化国家现在刚开始在自己的制度和传统背景下遭遇这个问题，他们都把视线投向美国，以美国正在发生的事情作为借鉴。有时他们会发现这个实验让人害怕，有时又会觉得它令人骄傲。这个实验产生的问题应该要让美国学生知道，这一点是显而易见的。如何回答这个问题将

---

1 刘易斯·芒福德（Lewis Mumford，1895—1990），美国历史学家、社会学家、技术哲学家和文学评论家。——译者注

对他们的生活产生巨大的影响，但是我们的许多年轻人甚至还不知道有这样一个问题，不知道有什么可争论的。那么，我们也许必须从头说起。我们先从科幻小说谈起。玛丽·雪莱、奥尔德斯·赫胥黎、乔治·奥威尔和雷·布拉德伯里等相关作家都对痴迷于科技的危险性提出了警告。爱德华·贝拉米（《回顾》）[1]、B. F. 斯金纳（《瓦尔登湖第二》）[2] 和阿瑟·克拉克（《2001 太空漫游》）则提出了更为乐观的前景。我相信，我并没有过度反对技术乐观主义的观点，但如果你们觉得我有这个倾向，那我可以在乐观派的书目中再加上阿尔文·托夫勒[3] 的任何一本书，包括他的经典之作《未来的冲击》（*Future Shock*），这本书的本意不是作为科幻小说，但它读起来像是科幻小说。

当然，从某种意义上说，我们的争论并不是什么新鲜事，人们一直在担心技术到底会让我们失去人性还是

1　爱德华·贝拉米（Edward Bellamy，1850—1898），美国小说家和记者。其小说《回顾》（*Looking Backward*，1888）讲述一位美国青年在沉睡了113年之后，终于在2000年醒来，发现理想的社会主义已经建立。——译者注

2　B. F. 斯金纳（B. F. Skinner，1904—1990），美国心理学家，行为主义学派的代表人物。在其《瓦尔登湖第二》一书中，他描述了一个理想的乌托邦社会。在这个社会中，孩子从诞生之日起就通过强化进行严格的行为形成训练，孩子们要被训练成具有合作精神和社交能力的人，所有的训练都是为了社会全体成员的利益和幸福。——译者注

3　阿尔文·托夫勒（Alvin Toffler，1928—2016），美国未来学家，他的著作涵盖了未来、科技和社会变革等多个领域。——译者注

会丰富人性。例如，在19世纪，威廉·布莱克曾写过，“黑暗的撒旦磨坊”[1]剥夺了人们的灵魂。马修·阿诺德（Matthew Arnold）警告说，“对机器的信仰”是人类最大的威胁。卡莱尔、罗斯金和威廉·莫里斯[2]抨击了工业进步带来的精神堕落。另一方面，马克·吐温认为工业进步是美好的，他曾祝贺沃尔特·惠特曼生在一个享受煤焦油产品好处的时代。再近一些，C. P. 斯诺[3]对技术悲观主义者做出了在他看来是决定性的回答。他说，由先进技术促成的工业革命是穷人唯一的希望。技术把穷人从长达数世纪的穷困潦倒中拯救了出来，这一点有谁能否认？

在我们这个时代，人们已经从争论机械对社会的影响转向争论电子技术的影响。由于这场争论相对较新，有些问题还没有得到准确表述。有一个大家熟悉的案例，在这个案例中，问题被许多人错误地当成了答案。我指的是马歇尔·麦克卢汉提出的问题：媒介的结构会如何

1 “黑暗的撒旦磨坊”出自英国诗人威廉·布莱克的史诗《弥尔顿》（*Milton*）的序诗，后来人们用来比喻英国的工业革命。——译者注

2 卡莱尔、罗斯金和威廉·莫里斯都是19世纪英国的思想家和文学家，他们抨击了工业进步带来的精神退化。——译者注

3 C. P. 斯诺（C. P. Snow，1905—1980），英国物理学家、小说家和政治家。其最著名的作品是《两种文化与科学革命》（*The Two Cultures and the Scientific Revolution*）。——译者注

改变人们"感知"世界的方式？麦克卢汉本人提出了许多推测性的答案，其中有些非常离谱，这使得许多人对他的这些答案争论不休，而不去思考他的问题。可是但凡仔细阅读过他的《理解媒介》（*Understanding Media*）一书的人就会知道，这是一本提出问题的书，目的是激发人们对人类交流**形式**的兴趣；他们还会知道，麦克卢汉和我一样，认为我们的年轻人完全有能力来回答这些问题。他们不像他们的老师那样有"ABCED的呆板思维"（我这里用了麦克卢汉的一个双关语，我相信他是从詹姆斯·乔伊斯那里借来的）[1]。因此，他们能比书呆子更清楚地看到媒介的影响，特别是非印刷媒介的影响。我在这里假设教师都是书呆子。如果我的这个看法是错的，那意味着什么，我觉得最好还是不去想了。

总之，那些关于媒介的影响以及各种信息传播方式的问题都与当下美国正在进行的所有其他争论有关。电视和计算机技术是限制了还是扩大了真正的、实质性的言论自由机会？新媒介是创造了地球村，还是迫使人们回到部落身份？新媒介是否会使学校过时，并创造出新

1 乔伊斯在《芬尼根的守灵夜》中生造出abced-minded一词，这个词发音与absent-minded（走神的）相近；同时，abced代表的是字母文字，和minded并置在一起就是指停留在字母（字面意义）的思维。——译者注

的教育理念？

我承认，像这样的问题通常会被禁止出现在高中课堂上，学生们必须等到上大学甚至读研究生才有机会面对。这么做绝对是个错误，原因有二：首先，因为正如我所说，青少年对美国文化中的各种媒介都很了解，对于它们的影响他们有可能有令人耳目一新的见解。第二，我也说过，他们很可能没有意识到人们在认真讨论这个由媒介塑造的世界到底有什么优点和缺点，他们有权了解这些话题，并且有权表达自己的观点。

还有一点需要说明：我在这里概述的方法——研究关于言论自由、大熔炉文化、教育对整个人口的意义、技术影响的争论——不仅仅是用来组织学校课程的主题，我想表达的是，这是一个意义重大的故事，是美国精神的核心。这个故事告诉我们，美国人就是喜欢实验和争论。如果你对现状不满，那没有关系，每个人都对现状不满。我们通过实验来使事情变得更好，我们争论哪些实验是有价值的，争论我们尝试的那些实验是否有用。在实验的时候，我们会犯错，会暴露自己的无知、怯懦和幼稚。但是我们会继续前行，因为我们对未来充满信心——我们可以开展更好的实验，可以进行更好的争论。在我看来，这是一个美好而崇高的故事。如果学生们被这个故事所感动，并从中找到学习的理由，我一点都不会感到惊讶。

第八章　多样性法则

亚历克西斯·德·托克维尔通过他对美国民主的广泛研究得出结论：我们所有的政治问题都是在法庭上解决的。如果在他写作时美国已经有公立学校系统，他可能会补充说，美国的所有社会问题都可以在学校里解决。学生们的学习动力是否不足？他们对性的道德层面是否感到困惑不解抑或知之甚少？他们开车是否不遵守规则？他们是否需要心理咨询？他们是否对毒品、酒精、吸烟、艾滋病的危险缺乏了解？

在美国，解决上述这些问题就成了学校的任务。当然我们有充分的证据表明，学校并没有把这些工作做得很好，而且有一些人认为，把解决棘手的社会问题的任务交给学校，我们会把学校变成资金充足的垃圾场。这种表达反对意见的方式相当粗暴，说这话的人往往都是不怀好意的。但是，有一个反对意见是有道理的，学校不应该试图去做其他社会机构应该做但没有做的事情。主要的论点是，教师没有能力充当牧师、心理学家、治疗师、政治改革家、社会工作者、性问题咨询师或家长。一些教师也许希望能做这些事，这是可以理解的，因为他们可以通过这种方式抬高自己的声望。有些人可能会觉得有必要这样做，他们的想法也是可以理解的，因为许多社会机构，包括家庭和教会的影响都在弱化。但是，准备不足的教师并不比无效的社会机构更高明，一个明显的事实是，教师们的经历或所受的教育并不能使他们有资格去做其他机构应该做的事情。顺便说一下，在这个论点中，“准备不足的教师”这个说法并不意味着教师不能胜任**他们自己**的工作，而是指他们不能做**所有人**的工作，这一点一定要说清楚。

注意到这一点后，我得赶紧说明一下，美国人不太可能改变他们对学校责任的看法，特别是在其他机构的效力出现问题的时候。在学校试图要做的诸多努力中，比较有争议的是一些学校试图确保让学生培养出深刻的民族自豪感，这曾经主要是由家庭承担的任务。我在前面说过我的态度，我认为这种想法很糟糕——在某种程度上，它低估或忽视了公立学校的基本任务，那就是为所有学生找到一个他们可以相信的、具有广泛性和包容性的叙事，并且予以推广。多样性法则就是这样一种叙事，奇怪的是，它有时候会与民族自豪感相混淆。促进对多样性的理解事实上与促进民族自豪感正好相反。民族自豪感希望人们向内看，看到自己所在群体的才能和成就，而多样性希望人们向外看，看到所有群体的才能和成就。多样性的故事讲的是，通过与各种各样的人互动，我们被塑造成现在的样子，这个故事得到了人类文化事实的有力支持。它不会篡夺其他社会机构的功能或权威，不会削弱民族自豪感，而是让我们把自己的族群放置于人类共同文化的背景中。它有助于解释过去，阐明当下，指导未来。简而言之，这是一个强大而鼓舞人心的叙事，可供我们的公立学校使用。

在文化多样性的众多表现形式中，有四种表现形式特别重要：语言、宗教、习俗、艺术和人工制品。其中每一种都可以被认为是一个重要的话题或主题，能够揭示出差异可以如何增加生机活力、提升卓越品质，并最终达到统一的状态。

语言

如果我们重视对英语历史的研究，我们就一定能让学生清楚地看到多样性的重要性。令我感到奇怪的是，那些热衷于谈论多样性有多么重要的人竟然没有想到这一点。正如我之前指出的，英语是这个世界上最能体现多元文化的语言，任何讲英语的人都得益于世界各地的人。例如，有人说英语不过是发音糟糕的法语。当然，这可能是某个心怀不满的法国人荒唐的夸大之词。但是，事实上，从 12 世纪开始，英语确实从法语中吸收了成千上万的词语。举一个小小的例子，英语中使用的法律词汇几乎都来自法语——bail（保释）、bailiff（法警）、jury（陪审团）、larceny（盗窃罪）、embezzle（贪污）、perjury（伪证罪）。另一方面，也可以说英语不过是发音糟糕的德语，因为它确实是以日耳曼语起步的。或者我们可以说，英语来自丹麦语。几乎所有带有 sk 音的现代英语单词，如 skill（技能）、skim（撇去）、scare（吓）和 sky（天空）都源自斯堪的纳维亚语，而且我们的 man（男人）、wife（妻子）、house（房子）、life（生活）、winter（冬天）这些词以及许多动词——see（看）、hear（听）、ride（骑）、sit（坐）、stand（站）也都很可能源自斯堪的纳维亚语。

这些单词成为英语的一部分，是多次侵略和征服的结果。多样性有时需要付出惨重的代价。盎格鲁人、撒克逊人和朱特人（来自德国北部）入侵了当时作为罗马帝国一个省的英国，赶走了凯尔特人，开始使用我们现在称之为盎格鲁-撒克逊语的语言。8 世纪时，丹麦人来了，他们看见了这片土地，接着征服了它。11 世纪，诺曼人来了。奥托・叶斯柏森（Otto Jespersen）是英语史研究领域最杰出的学者之一，他本人是丹麦人，他觉得奇怪的是，为什么英语中大多数表示烹饪**之前**的肉的单词都来自撒克逊语——例如，cow（牛）、swine（猪）、sheep（羊）和 calf（小牛），而大多数表示烹饪**之后**的肉的单词都源于诺曼语——beef（牛肉）、pork（猪肉）、mutton（羊肉）和 veal（小牛肉）。他的解释是，由于诺曼人征服了撒克逊人，撒克逊人成为诺曼人的仆人。在厨房里，他们使用自己的语言；在餐厅里，他们被要求使用诺曼人的语言。（这里仍然有一个谜团：英语中的 breakfast〔早餐〕一词源自撒克逊语，dinner〔中午或晚上吃的正餐〕和 supper〔晚餐〕则源于诺曼语。难道诺曼人中午之前不吃饭？）

因此，研究英语的历史就是研究英语使用者的历史，或者说，研究英语使用者的历史就是研究英语的历史。如果我们想强调文化互动的重要性，我认为这也许是我们应该做的工作。我没法确切地说学生应该在什么年龄开始以强调英语的文化多元性的方法学习英语史，但我知道七年级就可以开始了，因为我自己就是这么做的。

即使我努力抑制自己作为一个老教师怀念过去好时光的冲动，我仍然清晰地记得，我们那些七年级学生在发现了自己名字的由来以及常见食物名称的各种来源后是多么激动甚至惊讶。为了了解常见食物名称的来源，老师要求学生想象他们中有四个人去当地的一家餐馆吃午饭，他们点了以下食物：第一个人点了汤、一个南瓜芝士汉堡和一些凉拌卷心菜，然后是茶和樱桃酱馅饼。第二个人点了一个华夫饼、一个香蕉船（这是很多年前的甜点了，那时大家都知道香蕉船是什么）和咖啡。第三个人点了一份加了很多胡椒粉的辣椒烧肉和一块曲奇饼。第四个人点了一个加了肉汁和酱油的火鸡三明治和一杯可乐。我们的任务是要找出这些食物名称源于哪种语言。soup（汤）来自法语;cheese（芝士）来自拉丁语；burger（汉堡）来自德语；squash（南瓜）来自美洲印第安语；cole slaw（凉拌卷心菜）来自荷兰语；tea（茶）来自汉语；cherry（樱桃）来自德语；pie（馅饼）来自爱尔兰语；waffle（华夫饼）来自荷兰语；banana（香蕉）来自非洲语言；coffee（咖啡）来自阿拉伯语；chili（辣椒烧肉）来自西班牙语；pepper（胡椒）来自古印度语；cookie（曲奇饼）来自荷兰语；turkey（火鸡）来自阿拉伯语；gravy（肉汁）来自法语；soy（酱油）来自日语；Coke（可口可乐）来自美国英语。（我没有把 pizza〔比萨〕列进来，因为我认为这太显而易见了。）

假想的午餐可能没法给身体补充营养，但对思想有好处。这项任务引导我们对英语的发展以及全世界各种语言对英语的贡献进行了相当复杂的研究。这项研究可以被称为“词源学”,或“历史语言学”,或简单地称为“单词的来源”。也许在小学阶段可以叫“单词的来源”，因为这听上去不那么吓人；高中阶段可以叫“词源学”；大学阶段可以叫“历史语言学”。名称并不重要，重要的是要探究。

甚至比七年级更早就引入这一主题也是完全可能的，因为大多数孩子都对单词的来源感兴趣。我们也应该记住杰罗姆·布鲁纳[1]的著名论断（出自他的《教育过程》〔*The Process of Education*〕），即任何学科都可以用一种足够智性的方式教给几乎任何年龄的孩子。

美国英语特别适合作为一个范例，用来赞美多样性的优点，因为多元文化对它产生了持续而强大的影响。任何一个来过美国的群体，或者那些在任何人来之前就已经在这里的群体，都对美国英语的词汇做出过贡献，因此也对语言中的思想做出了贡献。我记得一个非裔美国学生在发现“hominy”[2]这个词来自北美印第安语时惊愕不已，这个发现让她对在美国英语中寻找非裔美国人使

1 杰罗姆·布鲁纳（Jerome Bruner，1915—2016），美国教育心理学家、认知心理学家，致力于将心理学原理应用于教育的典型代表，被誉为杜威之后对美国教育影响最大的人。——译者注

2 指玉米碎，美国南方各州常用水或牛奶煮后食用。——译者注

用的词语产生了兴趣（这确实是出于民族自豪感，但是以接受多样性为前提）。美国英语中有许多这样的词语，也许直到今天，她仍然在试图确定“juke”（如“jukebox”）的起源，该词似乎来自新奥尔良的黑人音乐家，但没人有十足把握。

沃尔特·惠特曼写道：“新的时代，新的人民，新的景象，需要一种新的语言。”又接着说：“是的，更重要的是，他们将拥有这样的新语言。”他是对的。但这样的新语言是我们通过借用每一种可以使用的语言创造的，包括数百个来自美洲印第安语的关于河流、山脉、城镇和地区的名称。俚语也参与了美国英语的创造。俚语是一种名声不好的口语形式，这种坏名声主要是由学校里的教师传下来的。他们这么认为是有道理的，因为俚语几乎都是出于反抗精神而创造的，这也是为什么俚语的大多数创造者总是来自心怀不满的群体，他们心里有太多怨气无处发泄。在我们这个时代，美国英语中最有创意的俚语可能来自非裔美国人，他们特别善于颠覆传统的含义——“bad”（坏的）变成“good”（好的），就像“funky”[1]和“fat”[2]这两个词一样。一个看起来特别漂亮的女人可能

1 “funky”有“恶臭”，也有“时髦、独特”的意思。——译者注

2 在俚语中，“fat”有时用于褒义，例如“a fat job”（一份收入丰厚的工作）。——译者注

被说成是“fat plus biscuits and gravy”，而某些东西也许因为很“cool”（酷），就变成了“hot”（热）。受委屈的妇女、受压迫的同性恋者、不知所措的移民，当然还有激进的学生，都通过创造新词或赋予旧词新的含义大大丰富了我们的语言。“mob”（团伙）、“chum”（密友）、“crony”（好友）和“snob”（自以为是者）这些词都是本世纪初的大学生创造的，新的表达方式层出不穷。换句话说，语言多样性不仅来自其他语言，同时也来自我们自己语言内部的各种社会方言和地区方言。当人们研究英语单词的起源时，很容易就意识到多样性法则做出了多么大的贡献。

但我认为我们的学生不能只懂英语就够了。如果我们真的要把多样性作为年轻人所受学校教育的核心叙事，就必须让我们的学生至少学会流利地使用一门英语以外的语言。这种话以前已经说过很多次了，而且说了很久，但我担心的是，我们还没有做到，甚至没有尝试去做。我们在这方面的失败让我们在全世界面前都感到尴尬。在其他国家有这样一个经典的笑话：我们怎么称呼一个会说三种语言的人？三语者。会说两种语言的人呢？双语者。会说一种语言的人？美国人。我们未能完成教授其他语言的任务，原因有几个，其中包括：外语教学开始得太晚（在高中），外语教学质量糟糕，还有一点就是，方圆数千英里范围内只要懂英语就完全够用了。我们甚至还有一场政治运动，通过将英语确定为美国的“官方”语言来阻止公民使用外语。这是我们从法国人那里借来的主意之一，他们痴迷于保护自己的语言，甚至设立了一个官方机构专门帮助维护法语的纯洁性。但英语不需要这样的帮助。英语不仅是美国无可争议的语言，而且正在迅速成为世界上其他国家的第二语言。然而,这种确定“官方”语言的主意可能有用——如果其目的是确保每个人都能学会这种语言。假设我们把法语作为我们的“官方”语言，持续十五年,然后在接下来的十五年里把日语作为“官方”语言。在此期间，几乎所有的人仍然在使用英语，但在三十年后，我们都将成为三语者。这种想法还是抛在一边吧（你已经这样做了），尽管我们可能需要一个同样冒险的办法来让我们认真对待外语学习。

应该认真学习外语的原因是多方面的。其中最重要的是，外语能让学习者获得与自己原先不同的世界观。即使是像西班牙语这样在结构和词汇上与英语相似的语言，也会给某些思想和事物赋予不同的内涵，并以此表明一个事实:这个世界并不完全像英语描述的那样。当然，像日语、汉语和俄语那样的语言会更准确地揭示上面这个事实。如果说让我们的年轻人重视观点的多样性是件至关重要的事，那么没有什么比让他们学习一门外语更好的方法了，而且越早开始越好——例如，从小学一年级就开始——这是毫无疑问的。

我们还可以补充一点，为了让我们的年轻人准备好迎接 21 世纪，双语（至少是双语）似乎是必要的。由于某种我不知道的原因，教育界有远见的人并没有强调这一点。他们坚持认为，在全球经济中，计算机使用能力是必需的，而外语能力并非必需，至少我们没有听到人们太多谈论外语学习的重要性。我前面已经说过，不管学校给予计算机学习的关注是多是少，现在几乎每个人都在学习如何使用计算机。但是，如果我们的学校不去关注外语学习，那么大约 80% 的人将继续只使用一种语言（目前约有 3200 万美国人会讲一门外语，还有 2 亿多人不会讲任何外语）。我认为，如果一个人只能讲一种语言，那么英语是相当令人满意的选择，因为它体现了许多不同语言的世界观。但问题是，我们的年轻人不应该只会一种语言，如果学校对驾驶技术和其他此类不重要的任务少一些关注，我们的学生就不会成为单语者。

宗教

我意识到（谁没有意识到呢？），**宗教**和**公立学校**是无法共存的，在美国肯定不行。它们就像磁铁，一旦靠得太近就会互相排斥。之所以这样是有充分理由的，其中一条就是第一修正案，甚至在提到言论自由之前，该修正案就禁止国会设立国教。关于这一点，明智的解释是，公共机构不得对某一种宗教表现出任何偏爱。另一个不那么明智的解释是，公共机构不应该对宗教表现出任何兴趣。后一种解释产生的后果之一是，公立学校几乎不能在任何情况下提及宗教。

情况并非总是如此。我清楚地记得，在我还是一名公立小学的学生时，我们在晨会上唱圣诞颂歌。大约有60% 的学生是犹太人，但这并不妨碍他们满怀热情地唱圣诞颂歌，而且唱得非常合拍。我不记得有谁抗议过，尽管哈罗德 · 波斯纳（Harold Posner）和我喜欢篡改一些歌词（“用一排排犹太面包卷装饰大厅”）。我们是想表现得可爱一点，而不是为了挑衅。我肯定，当时我们都认为《平安夜》、《听啊！天使在高唱》（“Hark! The Herald Angels Sing”）（我们唱的当然是“听啊！哈罗德的天使在高唱”[1]）以及《普世欢腾》（“Joy to the World”）都只是美国歌曲，没有宗教意义。我甚至怀疑大多数天主教学生也是这么想的。我没说新教徒，因为在我的邻居中新教徒太少，无法得出结论，但我记得路德宗的亨丽埃塔·古

1 他们把“Herald Angels”改成了“Harold’s Angels”，因为其中一个男孩叫“Harold”。——译者注

特曼（Henrietta Gutmann）在我们唱《平安夜》的时候总是眼神迷离，这让我有点不安，因为这暗示着可能有什么东西是我不知道的。

现在的情况似乎不一样了。犹太人、印度教徒、佛教徒和无神论者都不希望被迫接受基督教仪式，包括基督教歌曲——也就是说，他们不希望基督教仪式优先于他们自己的仪式。我很肯定，托马斯·潘恩和托马斯·杰斐逊在这一点上会赞同他们，我也赞同，但这不意味着学校应该完全忽视宗教。

这么说有几个原因，都是显而易见的。一个原因是，我们的绘画、音乐、建筑、文学**以及**科学中有很多东西都与宗教交织在一起。因此，任何人如果不了解宗教在文化形成过程中起的作用,就不可能（从根本上来讲不可能）号称自己受过教育。另一个原因是，所有伟大的宗教其实就是关于不同时代、不同地方的不同民族如何努力获得超越感的故事。尽管许多宗教叙事已经回答了我们是怎么来的，以及是什么时候开始存在的，各民族在很大程度上还在努力回答这些问题。为什么？作为一个受过良好教育的人，怎么可能不去思考我们为什么会活在这世上，我们应该做些什么？怎么可能在思考这些问题时完全无视宗教提供的答案？我认为不可能，因为宗教也许可被界定为我们试图对有关存在意义的问题做出全面而综合的回答。

第三个原因与第二个原因有关，而且与理解多样性法则特别相关。这个原因是，通过研究宗教，我们的学生可以了解到：首先，人们有各种各样的方式可以解释自己的存在；其次，他们的解释具有惊人的统一性。因此，我建议为年轻人提供研究比较宗教的机会，可以从小学高年级的某个时候开始，然后在高中及高中以后继续关注具体细节。这种研究不是为了推动某个宗教的发展，而是为了解释宗教表达本身的隐喻、文学、艺术和仪式。

这样的研究有可行性吗？我想是可行的，但一定要谨慎，我们一定要比老师们对待“希腊神话”的态度更加谨慎。请允许我再次提及我自己的学生时代，我记得在我八年级的时候就意识到，我们的老师对待古希腊诸神的态度有些不对劲，那可是些能够创造奇迹的神啊，包括乘坐战车在天空中飞驰。我知道，犹太人相信他们的上帝曾经分开过红海帮助他们逃脱埃及法老的迫害，基督徒相信他们的救世主曾经死而复生。让我困惑的是，为什么我们的老师要把希腊诸神的故事称为“神话”，而我肯定他们不会这样称呼我们自己的故事。有一次我问一个叫尼古拉斯（我忘了他姓什么）的希腊同学这个问题，他耸了耸肩，告诉我，他的家人信希腊东正教，并让我相信他并不在意这些东西。但是那些负责教育我们年轻人的人不能像尼古拉斯那样满不在乎。当然，在这个过程中，我们要丢弃“myth”（神话）和“mythology”（神话的统称）这两个词。也许到了大学里，这些词可以恢复到约瑟夫·坎贝尔和罗洛·梅使用的意义。但是，它们的内涵中承载着某种虚假的或仅仅是迷信的东西，不适合在年轻学生中使用。我们的目标是赋予每个群体的叙事以尊严，让他们感觉到那是一种表达生命奥秘的创造性手段，让他们知道，这些叙事表达的“真理”不同于科学和新闻表达的“真理”，事实上，它们解决的是科学和新闻无法回答的问题。

所谓必须以谨慎的方式做某件事，并不意味着这件事不能做。当然是能做的，但一定要有充分的准备。例如，我们要知道，很多学生和他们的父母都坚信**他们自己**的故事是不折不扣的真相。我们没有必要去和他们争论。我完全不认为比较宗教研究的目的是要“粉碎叙事”，或者只是鼓励肤浅的怀疑主义。比较宗教研究要表明的是，不同的人讲述了不同的故事，他们在不同的时期从彼此的叙事中借用了一些元素，我们应该心怀敬意地对待他人的叙事，而且，归根结底，所有这些叙事都有一个类似的目的。如果我们证明犹太人借鉴了埃及人，基督徒借鉴了犹太人，穆斯林借鉴了基督徒和犹太人，会有人觉得这是一种侮辱吗？如果我们证明美洲印第安人的神灵与天地有一种特殊的关系，这种关系在西方宗教中不存在，但在许多方面与古希腊的神灵有相似之处，会有人觉得这是一种嘲讽吗？如果我们去了解非洲部落的宗教，会有人觉得这是一种威胁吗？如果我们证明甘地的宗教信仰受到了梭罗的影响，马丁·路德·金的思想受到了甘地的影响，会有人因此受到伤害吗？

如果对这些问题的回答都是"是"，那么我就缴械投降，马上放弃这个话题。但我认为许多人的回答都是"否"，并且都会同意，在讨论这些重要的问题时，我们有义务把全世界纳入考虑的范围。如果我们想灌输宽容意识，甚至培养人们对差异的喜爱，没有什么方法比讲授各种不同的宗教体验更好了。

我这样提议并不意味着我不知道那些希望学生了解宗教多样性的教师面临重重困难。例如，有些学生不仅坚信**他们自己**的叙事是"真理"，而且认定所有其他的叙事都是谬论。这种情况该怎么应对呢？我不确定，但我们可以这样做：首先，让学生了解那些不坚持唯一真理的宗教——例如，巴哈伊教[1]，它认为所有宗教的先知说的都是真理，只是使用了不同的语言，并表达了适用于他

1 巴哈伊教，由伊斯兰教什叶派的巴布教派分化而来，主张上帝唯一、宗教同源、人类一体，致力于实现世界大同。——译者注

们所处时代的意义。我们也可以通过采取历史学方法来避免某些困难，因为这么做必定会揭示出宗教信仰的动态性质。即使是粗略地回顾一下罗马天主教，也会发现其观念已经发生了变化，例如在禁欲、堕胎、饮食规则等方面，甚至是如何对待宗教裁判所和可怜的伽利略。要想说明新教各派别的观点如何发生了变化，以及各派别之间有何不同，也不是一件难事。或者说，我们可以理解，犹太人由于对宗教仪式的正确方式存在不可调和的分歧，因此将自己分成了许多派别：正统派、现代正统派、非常正统派、几乎正统派、保守派、非常保守派、半保守派、改革派、不完全改革派。（我认为，应该允许人们嘲笑自己的派别。）这里的重点是，让学生看到即使是在坚持唯一“真理”的宗教内，真理也会改变，这么做没有任何不敬之意，而且非常坦诚。但是，当然这并没有充分直面一个事实，那就是，每个特定宗教的某些基本真理是不会改变的。基督徒相信弥赛亚已经来过了，犹太人相信弥赛亚还没有来，而佛教徒则根本不相信有弥赛亚。印度教徒相信有轮回，穆斯林则不相信。那怎么办呢？对于任何一个认为其他宗教是个错误（或者像基督教辩护士 C. S. 刘易斯[1]说的那样，其他宗教更原始）的学生，

1 C. S. 刘易斯（C. S. Lewis，1898—1963），英国作家、学者和基督徒，被认为是20世纪最有影响力的基督教思想家之一。——译者注

我们的回答是，他或她可能是对的。但是，正如第一修正案暗示的那样，我们无法确信自己一定是对的，因此，我们可以允许每个人在内心认为自己是对的，但不能阻止其他任何人提出不同的意见。

在这方面，让学生（当然是高中生）知道美国的许多开国元勋都是自然神论者，这对他们来说也许是有价值的。例如杰斐逊和潘恩，他们俩都坚信存在“全能的上帝”，但对组织化的宗教持怀疑态度（潘恩对教会持强烈反对意见），特别是对基督徒、犹太教徒以及在他们那个时代被称为“土耳其人”的穆斯林。杰斐逊写过一版四福音书，他删除了其中所有“空想的”和“迷信的”部分，只保留了道德部分。据说，在他当选总统后，一些基督徒把自己的《圣经》藏了起来，担心政府的政策会对“敬畏上帝的基督徒”不利。他们对杰斐逊知之甚少，对第一修正案更是一无所知。托马斯·潘恩因其《理性时代》而遭受辱骂，他在书中试图说明《圣经》中的许多内容不可能是真的，宗教体系之间的差异表明它们肯定是错误的。在我看来，在讨论宗教体系的宗旨时，他的看法很肤浅，但是《理性时代》是我读过的最具宗教色彩的书之一。

我想说的是，当大家的意见都一致时，宽容无关紧要。而在出现不同的观点时，你甚至可以说，宽容就变成了我们要侍奉的神灵。但“宽容”这个词有几种含义，我脑子里想的并不是那种高高在上、沉默不语的宽容，当然这肯定比帕特·布坎南[1]那种咆哮式的优越感要好，但在教育我们的年轻人时，我们有责任做得更好。我希望能够倡导这样一种宽容：“如果我像你那样长大，如果我曾处于你的环境，如果我被引导去尊重你尊重的那些信条，那么很有可能我的信仰会和你一样。”这种宽容不要求学生放弃他们的信仰，甚至不要求他们认为自己是错误的。这种宽容只要求他们明白，关于天堂，还有很多东西是他们的宗教没有想到的。

如果我们要把比较宗教作为年轻人教育的一个学科，肯定会出现很多我无法回答的问题和无法解决的困难，而且我很肯定，其他老师也没有答案。但我们不能因为自己的无知就否决了这门学科。我在前文中说过，我们要准备充分后再着手去做。这意味着我们需要有全国性的、区域性的和本地的教师研讨会和教师机构来专门讨论可以如何教授比较宗教，这样教师可以互相学习，了解可能有哪些困难，怎么去克服它们。这些要求算不算太过分？为什么那些关于如何进行计算机教学，甚至媒介素养的研讨会更容易组织，能获得更多资金，有更多人参加？

---

1 帕特·布坎南（Pat Buchanan），美国保守派政治家、作家和播音员，美国总统尼克松、福特和里根的高级顾问。——译者注

难道只有技术性问题才能引起教师的兴趣吗？难道我们太过愚笨或是过于多虑，所以不敢讨论宗教多样性带来的机会吗？我认为不是这样。

习俗

讲授宗教的多样性似乎困难重重，特别是因为我们在这方面的经验太少。相比之下，讲授民族习俗或族群习俗似乎就容易多了。在美国，可能没有哪一所小学，没有几所中学，没有举行过庆祝不同习俗的活动，通常会有那么一天用来展示不同国家的服装、品尝不同国家的食物、欣赏不同国家的音乐。没有人会对此有什么抱怨——至少不会有很多抱怨。这种努力确实向我们的学生表明了世界各国人民之间的差异，而且总是多多少少在暗示：这样的差异是值得尊重的。

但是，这些活动也有一种奇特的气息，甚至有一种优越感，就好像在承认差异的同时，还提醒我们要牢记这些服装、食物和音乐并不完全真实，仅仅是为了展示一下异国情调。

我希望我这么想是错的。但对于这些流于肤浅的方法我的想法应该没有错，因为它们很少能深入探究那些更能有效表达文化差异的东西。告诉大家世界上并非所有的青少年都认为反着戴棒球帽很可爱，这是一回事，但揭示在亲属关系、权威的合法性、性别角色以及如何理解政治、历史和未来的意义等方面存在信仰差异，则是另一回事。

因此，要认真研究习俗多样性这一主题，就要放弃表面上让人觉得愉悦有趣的东西，去研究文化中某些很可能会让学生感到不适的方面。但是，就算会感到不适，我还是要敦促大家这样做，因为这是必要的。教育家们警告我们，21 世纪已经近在眼前，我们的技术不仅创造了全球经济，也创造了地球村，他们的这个警告是否引起了大家的重视？我认为，我们的年轻人必须了解同住这个地球村的其他人是怎么生活的。

在本书的前些章节中，我已经讨论了要把人类学作为一门主要学科，习俗研究是其中的一部分，但习俗研究也是社会学的一部分。我曾经与玛格丽特·米德[1]谈论过这两门学科之间的区别。她说，社会学是从人类学中发展出来的，主要是因为有一些人类学家不想研究生活在遥远土著环境中的“原始人”，因为那会引起他们个人的不适感。比方说，他们更愿意研究的是内布拉斯加州奥马哈市居民的习俗，而不是巴布亚新几内亚的特罗布里恩群岛上居民的习俗。结果就产生了一门新的学科：社会学。

1 玛格丽特·米德（Margaret Mead，1901—1978），美国人类学家，提出文化决定论、三喻文化理论和代沟理论。——译者注我不知道这是不是真的。（因为我知道玛格丽特·米德是个严肃的学者，我认为她不可能是在和我开玩笑。）但毫无疑问，这两门学科要研究的问题是类似的：某一特定文化中的人们如何相互交流？他们如何定义法律、真理和智慧？他们如何教育年轻人？他们给男女两性分配什么角色？他们如何组织亲属关系？他们尊重什么样的权威？他们的历史起了什么作用？

我提到人类学和社会学之间的联系，是因为研究不同习俗并不限于遥远地方的人们。在大多数美国课堂上，学生群体中会包括几种不同的传统，很多人可能对其中一些传统一无所知。例如，如果一个老师的班上有拉美人、韩国人、非裔美国人、希腊人和意大利人，他或她会有足够的材料满足几个学期的教学之需。这个老师能找到人类学家所说的“本地信息提供者”，他们在讲述各自文化的信仰和态度方面具备一定程度的权威性。当然，像所有的本地信息提供者一样，他们也会经常试图掩盖他们文化的某些方面，所以不能指望他们完全客观。教师的作用是提供客观性，这意味着要以尽可能开放的心态引导学生去探究。当研究涉及没有被“美国化”的人或与美国无关的人时，保持客观尤为重要，而且很难做到——例如，如果研究对象从美国的学生群体转向新加坡人、伊拉克人或中国人。在 1994 年以前，大多数美国人对新加坡知之甚少。结果在那一年，一个美国少年因为在新加坡犯了大多数美国人心目中的轻罪，被残酷地处以鞭刑。这一事件提供了（也就是说，原本可以提供）一个研究文化差异的宝贵机会。新加坡人如何看待犯罪、青少年和民主？他们的观点与美国人的观点有何不同？教师是否有可能客观地看待这种差异？就更别说学生了。

我认为从以下角度来说是有可能的：通过学术想象力，人们试图理解新加坡人赋予相关概念的意义，去领悟这些意义如何维系其文化，并在这些意义甚至美德中找到一种必要性。如果我们把新加坡人和美国人赋予相同概念的意义进行比较，一定会有很大帮助。人们通常会发现，在习惯性的思维方式中往往存在一定程度的任意性。这并不意味着因此我们就无从判断一套意义是否优于另一套意义，这意味着一种文化的历史、地理、经济和宗教决定了人们会认为哪些观点合情合理甚至不可避免。在匆忙做出判断之前，我们必须努力尝试去**理解**，并且要教导年轻人如何去理解。

说起来容易做起来难。想象一下，对一个美国教师来说，要对伊拉克对待妇女的习俗，或者对中国重男轻女的习俗（绝不是近些年才有的）保持开放的态度是多么困难。说他们太原始、太野蛮、太邪恶？但是，对美国不是因为经济压力而是出于报复心理对那些犯下某些罪行的人实施死刑的习俗又怎么说呢？中国的社会学家可能会说，这样做太原始、太野蛮、太邪恶。我们可能会回答说，这可不是一回事。如果你听听我们解释我们的情况，如果你知道我们是如何思考这些事情的，如果你能理解“以眼还眼，以牙还牙”这句话，你就会知道我们这么做很有道理。事实上，这是对生命价值的一种肯定，也是一种不可缺少的集体宣泄。好吧，也许是吧。

我不是在争论要支持还是反对那个被称为死刑的习俗。我所谈论的是开放态度意味着什么，不同的文化可以用什么方式来解释他们的习俗。要判断一个文化中的习俗是不是浪费、愚昧、不人道，总是需要付出时间的，要想做出判断就必须等待人们对这些习俗存在的原因进行研究。在研究的过程中，学生们可能会发现，不同的文化在为那些乍看不合理的习俗辩解时，他们的理由惊人地相似。

但这些是阴暗的一面，虽然习俗研究必须包括这些内容，但它们绝不是习俗的全部。例如，我们应该研究婚姻仪式、教育制度、礼仪和亲子关系。学生们通常对后两者特别感兴趣。我记得一些美国十年级学生在了解到在泰国**任何**年龄的孩子都不会违背父母的意见，也不会违背老师的意见时，都感到困惑不解，甚至有些惊讶。我试图说服他们，告诉他们这是一个很好的观念。而在他们试图说服我这些习俗在美国不合宜的时候，他们对美国、泰国、他们自己以及丰富的多样性有了更多了解，我也一样。

艺术和人工制品

我不希望给大家一个印象，认为讲授艺术只是为了支持多样性原则，或者说，主要是为了支持多样性原则。但在研究创造性艺术时，我们必然会认识到多样性的价值——可以说这是一个无法忽视的附赠品。让我们来想象一场为卢恰诺·帕瓦罗蒂、普拉西多·多明戈（Placido Domingo）和何塞·卡雷拉斯（José Carreras）举办的音乐会，祖宾·梅塔（Zubin Mehta）担任指挥，马友友和伊扎克·珀尔曼（Itzhak Perlman）担任独奏。想象一下，在中场休息之后，莉昂泰恩·普赖斯（Leontyne Price）演唱瓦格纳的歌剧，由詹姆斯·莱文（James Levine）担任指挥，在那之后是范·克莱本（Van Cliburn）演奏肖邦和柴可夫斯基的作品。当然，要拿到这场音乐会的门票几乎不可能，但假设有人真的走进了这场音乐会，他们就不可能不注意到为这场音乐会做出贡献的音乐家们来自世界各地。（包括作曲家在内，我提到的音乐家来自九个不同的国家。）

但是听众们来听音乐会不是为了学习多样性，也不是为了学习西方音乐的相通性。同样，人们参观博物馆、观看戏剧、阅读小说和诗歌，不是为了学习艺术创作的世界性。他们做这些事是为了滋养自己的灵魂。正如我们所说的，艺术是心灵的语言，如果我们在学校里教授音乐、绘画、建筑和文学，我们应该做的是帮助我们的年轻人理解这种语言，这样才可能到达他们的心灵深处。要做到这一点非常困难，我不想掩盖一个事实，那就是，除了文学，我在教授其他艺术形式方面的经验很少（可以说，是没有）。所以，我的讨论只限于补充几个理由，说明我们为什么要比原来更加重视艺术和某种文化中的人工制品。所有这些理由都会以这样或那样的方式与多样性有关。

我们可以把艺术放在首要位置，因为艺术的主题提供了最好的证据，能够证明人类经验具有统一性和连续性。例如，绘画的历史要比文字古老三倍以上，不断变化的风格和主题记录了人类一万五千年的发展历程。通过展示这段历程，绘画揭示了不同民族在不同时代如何选择表达他们内心感受——他们的恐惧、他们的狂喜、他们的疑问——的方法。我意识到，在我建议应该研究艺术形式的历史时，我已经接近于将艺术纳入考古学的范畴了，但我认为这么做没有什么问题，只要我们牢记艺术教育有多重目的。事实上，我认为我们可以走得更远。我想推荐一门据我所知从未在美国公立学校教授过的科目。我指的是博物馆研究——不仅是艺术博物馆，而且还包括各种类型的博物馆。也就是说，我们将扩大我们的艺术观，把形式多样、意义丰富的人工制品也包括在内。为什么要有这样一门学科？因为博物馆可以回答一个基本的问题：什么是人的本质？

我知道的博物馆中没有哪一个能完整地回答这个问题，也不应该期待哪一个博物馆能做到这一点，就连大英博物馆也做不到。每个博物馆都只给出了部分答案，每一个博物馆都对人类的本质做出了自己的论断——这些论断有时支持并丰富了彼此的主张，但很多时候是相互矛盾的。

慕尼黑有一个很大的博物馆，里面摆满了旧汽车、旧火车和旧飞机，所有这些都是为了表明，人类的本质主要是工具制造者，在解决实际问题时最能体现人性。纽约市的古根海姆美术馆不同意这种说法，古根海姆美术馆的展品中没有一样有实用价值，或曾经有过实用价值。这个美术馆似乎想表达的是，使我们成为人的原因是我们需要以符号形式来表达我们的情感。我们之所以是人，正是因为我们创造的许多东西不是为了实用。对此，伦敦的帝国战争博物馆反驳说："胡说八道！你们都错了。

我们在想办法互相残杀时才尽显人类本质。”听到这句话，耶路撒冷的亚德瓦希姆大屠杀纪念馆无比悲伤地补充道：“这是事实。但是，我们不仅仅是像鲨鱼和老虎那样的杀手，我们格外残酷，我们有组织地无理由杀人。请首先记住这一点。”

去世界上的任何一个博物馆，哪怕只是一个作为档案馆的博物馆，问他们：“这个博物馆对人性的定义是什么？”你会得到某种答案。在某些情况下，他们的答案没有底气，甚至含糊不清；而在另一些情况下，他们的答案大胆自信，明确无误。当然，如果非要说哪个博物馆传达了正确的答案，那是很愚蠢的。所有答案都是正确的：我们**是**工具制造者、符号制造者、战争制造者。我们既崇高又荒谬，既美丽又丑陋，既深刻又平凡，我们既注重精神又讲求实际。因此，博物馆再多也不嫌多，因为我们拥有的博物馆越多，对人类的描述就越详细全面。

但我要声明，我说每个博物馆都为我们提供了部分答案，并不是说每个博物馆的重要性不相上下。用乔治·奥威尔的话来说，所有的博物馆都在讲述真相，但有些博物馆讲述的真相比其他博物馆的更重要。一个真相有多重要，取决于讲述的时间和地点，因为在不同时期，为了生存和保持理智，不同文化需要了解、记忆、思考和崇尚不同思想。五十年前有用的博物馆在今天可能毫无意义，但我绝不希望这样的博物馆关闭，因为有一天，在环境改变之后，它的用途可能会被恢复（而且在任何情况下，博物馆之间应该保持对话，所有的声音都很重要）。然而，在某个特定的时间和地点，某个特定的博物馆传达的真相可能无关紧要，甚至有害。许多博物馆——其中一些是新的——都在宣扬那些人们不需要的思想。

为了更清楚地说明我的观点，我们来想象一下：假设在 1933 年[1]，你得到了无限量的资金，可以在柏林创建一个博物馆，而且你没有想到你可能会因为你之后要做的事情被枪杀或受到其他惩罚。你会创建一个什么样的博物馆？你会崇奉哪些思想？对于人类的过去、现在或想象中的未来，你希望强调的是哪一部分，你希望忽略的又是哪一部分？简而言之，你希望来参观这个博物馆的德国游客思考些什么？

在提出这些问题时，我想说的是，从根本意义上来说，博物馆是一个政治机构。因为它必须在特定的历史背景下回答“什么是人的本质”这一问题，而且一定要面向那些正在各种道德、心理和社会生存问题中挣扎的活生生的人。我并不是在主张将博物馆作为廉价而且明目张

1　纳粹党掌权的年份。——译者注

胆的宣传工具，我希望表达的是，博物馆是一种帮助人类生存和保持理智的工具。毕竟，博物馆可以讲述故事，就像任何文化中的口头文学和书面文学一样，它的故事可以唤醒我们天性中更好的天使，但也可能激活人性中的恶魔。博物馆可以帮助我们看清自己的处境，但也可能让我们更加困惑不解，它告诉我们需要知道什么，什么是无用的。

萧伯纳在他的《易卜生主义的精髓》(*The Quintessence of Ibsenism*)中准确地告诉了我们为什么博物馆是必要的。他谈论的问题是“我们为什么需要戏剧？”。但他的答案也同样适用于博物馆。他说:“它是社会意识的阐释者，是描述未来的历史学家，是对抗黑暗和绝望的军火库，是人类进步的殿堂。”

你能想象“博物馆学”成为高中或大学的一门具体科目吗？你能想象一个**没有**这门科目的高中或大学吗？我也许期望过高了。但万一这不算是奢望，我提议开展一个项目，要求学生为他们所在社区新建的博物馆写一份简介。他们必须说明该博物馆想要表达什么观点，有哪些艺术、习俗和技术制品能最好地表达这些观点。这样的项目可能是一门学年课程的期末考试，该课程的任务是在社区内找一个博物馆进行分析。这门课程大概需要两到三位老师一起工作，因为用一名臭名昭著的伊拉克领导人的话来说,这肯定是所有跨学科课程之母[1]。但我相信这没有超出高中教师的能力范围，当然更没有超出大学教师的能力范围。我想不出有什么更好的方法来展示人类多样性的伟大故事。

对博物馆的研究有可能将学生引向许多不同的方向，可能远离艺术创作，也可能走向艺术创作。人工制品不一定是艺术，我们要记住，对人工制品的研究不能取代对艺术的研究，这一点很重要。我之前提到过，艺术是心灵的语言，但并不是所有的心灵都有相同的能力理解艺术表达时使用的各种语言。正如我们所知，不同的人有不同水平的鉴赏力。例如，在音乐方面，大多数美国学生都能够以足够的感受力、批评才能和专注力对各种形式的流行音乐做出反应，但没有做好准备去感受或体验海顿、巴赫或莫扎特的音乐。也就是说，他们的心灵对西方音乐正典是封闭或半封闭的。我并不打算长篇大论地抨击摇滚、金属、说唱和其他形式的青少年音乐。事实上，读者们应该知道，罗杰·沃特斯（Roger Waters）——平克·弗洛伊德乐队[2]的前主唱，他深受我的一本书启发，

---

1 萨达姆·侯赛因在1991年第一次海湾战争前的一次讲话中，称其对科威特发动的战争是“所有战役之母”（mother of all battles）。——译者注

2 平克·弗洛伊德乐队（Pink Floyd），英国摇滚乐队，成立于1965年，风格涵盖了多种音乐类型，在20世纪60年代和70年代取得了巨大成功和影响力，被认为是摇滚乐历史上最具影响力的乐队之一。——译者注

创作了一张名为《娱乐至死》的激光唱片。这件事大大提高了我在大学生中的声望，以至于我无法驳斥他本人或他的那种音乐，我也没有任何其他理由要这么做。尽管如此，欣赏罗杰·沃特斯的音乐所需的鉴赏力与欣赏肖邦练习曲所需的鉴赏力是不同的，而且前者远低于后者。在其他艺术形式方面，情况也差不多相似。简而言之，年轻人的审美经验中缺少一些东西。

这个问题也许可以做以下解释：因为通信业的功劳，我们的学生可以不断接触到他们这个时代的流行艺术，比如音乐、修辞、设计、文学和建筑等。因此，他们接受流行艺术的能力得到了很好的发展，欣赏起来得心应手。但是，由于缺乏受过良好训练的想象力，他们欣赏传统或古典艺术的能力严重不足。

我们该做些什么呢？为了培养学生丰富多元的艺术鉴赏力，我认为，如果学生没有听过莫扎特、贝多芬、巴赫或肖邦的音乐，学校就没有理由举办摇滚音乐会；如果学生没有读过莎士比亚、弥尔顿、济慈、狄更斯、惠特曼、马克·吐温、梅尔维尔或爱伦·坡的作品，或者没有看过至少一张戈雅、格列柯和大卫的画作照片，就不应该让他们从高中毕业。这些作曲家、作家和画家中的许多人在他们那个时代是否受欢迎并不重要，重要的是他们用一种与我们不同的语言和角度在表达。还有一点也很重要，流行艺术往往会削弱这些艺术家的声音，使他们的卓越标准无法为世人所知。

我再次重申一下，我不是要反对流行的艺术形式，我反对的是我们允许它们垄断学生的灵魂。就艺术教育而言，我们的学校应该充当“反环境”[1]，可以告诉学生：“你现在拥有的艺术素养是不完整的，你要加强自己滋养情感生活的能力，是的，要让这种能力得到提升。”

这让我想到关于艺术（以及文化）的三个会引起激烈讨论的问题。第一，鉴赏力是否有高低之分；第二，文学和其他艺术形式的正典是否具有合法性；第三，学校是否有理由传播甚至赞美欧洲中心主义文化，特别是“死白男”主导的文化。

对这三个问题，我不必多说，因为我认为，虽然这些讨论很激烈，但实际上没什么可争论的。例如，关于第一个问题，我已经给出了回答，我只想补充说，如果对艺术、语言和其他人类交流的形式不存在较高和较低的感受力，那么我们就不需要教育了。这样的观点也同样

1 “反环境”是由马歇尔·麦克卢汉在他的著作《媒介即讯息》（*The Medium is the Message*）中提出的概念，用来描述20世纪60年代美国的反文化运动。他认为，人们可以通过使用不同的媒介（例如电视、广播、互联网）创建一个与主流文化和环境相对立的文化环境，以促进不同的价值观和思想。——译者注

适用于智力。即使如霍华德·加德纳[1]推测的那样，每个人都有各种不同类型的智能，我们也必须假定，每个人的智能有高低之分。学校的任务就是要提高学生的能力，这意味着要让他们从较低的思维和感觉模式逐渐转变成较高的模式。

至于正典的合法性，这个词只是指各种类型的创作中公认的优秀典范。任何正典，无论是其中的一部分还是作为一个整体，如果不再被视为优秀典范，就可以被增补、修改甚至抛弃。这意味着，任何正典都是一种活生生的、动态的工具，当然不局限于那些已经去世的，而且是早已去世的艺术家。已故的艺术家之所以占主导地位，原因很明显，他们的作品长期以来给不同的人带来了快乐和教诲。可以说，他们赢得了自己的地位。只要教师确信在艺术创作中传达一种连续感很重要，他们就必须对已故的艺术家给予尊重。但是，教师当然也不应该忽视在世艺术家创作的优秀作品。如果教师知道有比莎士比亚、莫里哀、易卜生、萧伯纳、威廉斯和奥尼尔的作品更优秀的西方戏剧艺术作品，他们就必须让我们知道，并解释他们为什么认为这些作品更优秀。如果有比贝多芬、

---

1 霍华德·加德纳（Howard Gardner），美国心理学家。他提出了多元智能理论，认为人类拥有多种智能类型，包括语言智能、数学逻辑智能、音乐智能、空间智能等。——译者注

勃拉姆斯、莫扎特和柴可夫斯基的作品更优秀的交响乐作品，他们就应该让我们听听，并且解释为什么要优先选择这些作品。

然而，当有人把混淆视听、偏离主题的观点带入这场争论中时,确实会出现问题。我想提一下,例如,索尔·贝娄的反问句：难道有哪一部斯瓦希里语小说（或者纳瓦霍语小说？）能比得上或胜过普鲁斯特的小说吗？我认为他的意思是想证明普鲁斯特在正典中的地位，并嘲笑将第三世界作家列入正典背后的政治动机。当然，如果我们谈论的是小说这一体裁的正典，那么贝娄是有道理的。没有哪一个斯瓦希里语小说家或纳瓦霍语小说家会威胁到普鲁斯特在正典中的地位（尽管中国或日本的小说家有这个可能性），主要是因为讲斯瓦希里语或纳瓦霍语以及其他几十种语言的人通常不会写我们称之为小说的那种文学作品，他们以其他体裁表达自己，通常与口头传统有关。我确信，从纳瓦霍人的诗歌到日本的能剧，每一种文学形式都有自己的正典（即优秀的范例）。为了促进多样性，我们的学生应该体验其中的一些形式，教师可以将它们作为补充列入我们自己文化已经形成的优秀标准中。

我想补充的是，我上面的话并不是说艺术教师，尤其是文学教师应该让自己和他们的学生局限于优秀作品。

要求学生阅读某本书的理由有很多，作为文学艺术的典范只是其中的一个理由。教师甚至可以选择文笔平平的书，如果这些书具有社会意义或政治意义的话。同时，还有一些书已经在正典中赢得了一席之地，但并不适合处于某个特定发展阶段的学生。（让中学生读普鲁斯特？这可不是什么好主意。）然而，重要的是，教师对什么是优秀典范应该有一个清楚的**概念**。事实上，他们有责任这样做。

最后，还有一个不是问题的问题——死白男。我相信卡米尔·帕利亚[1]说过，如果不是因为那些死白男，我们现在还生活在草屋里。还有一个更温和礼貌但也同样旗帜鲜明的评论是詹姆斯·厄尔·琼斯[2]在接受查理·罗斯（Charlie Rose）采访时说的。他指出，无论是好是坏，我们的文化都主要脱胎于生活在欧洲和小亚细亚的死去的白人男性创造的宗教、政治、文学、科学、技术、哲学和艺术。他说，想假装这不是事实是没有用的。那些死去的白人男性给予我们的东西正在被活着的黑人男性、活着的白人女性以及其他一些有趣的群体（包括相当多的活着的白人男性）实践、批判和再创造。你们不要误解

1　卡米尔·帕利亚（Camille Paglia），美国女性主义学者和社会评论家，研究性别、视觉艺术、音乐和电影史。——译者注

2　詹姆斯·厄尔·琼斯（James Earl Jones），美国最成功的黑人演员之一，2011 年获得第八十四届奥斯卡终身成就奖。——译者注

我的意思，以为我认为死去的中国人或死去的非洲人的文化应该被忽视。任何敦促将人类学和考古学作为学校主要科目的人都不应该被扣上文化沙文主义的帽子。我想补充的是，为了获得更丰富的多样性，我们应该积极开展对亚洲、非洲和其他重要文化的研究，但前提是所有学生都能够有机会去从事这些研究。我时刻牢记一点，公共教育的目的是帮助年轻人在整个人类的故事中获得鼓舞，从而超越个体身份。

同时，我们应该记住（根据我的计算和我的正典标准），那些给予我们宗教、科学和艺术传统的死白男至少来自三十七种不同的文化，这个群体的多样性可以超出任何人的想象。还有哪两个人能比耶稣和马丁·路德的差别更大？同样天差地别的还有开普勒和爱因斯坦、弥尔顿和塞万提斯、陀思妥耶夫斯基和爱默生。尽管如此，正是他们，以某种方式告诉我们多样性是一个伟大而崇高的原则，我还没有听到有人提出过有说服力的反对意见。

第九章　文字编织者／世界创造者

为了消除对某个词的意义的困惑（或无知），是否有人会问：这个词**在这里的**定义是什么？通常人们总是这样问：这个词**一般的**定义是什么？在这种情况下，“在这里的定义”和“一般的定义”相差甚远，我只能责怪学校对什么是定义这个问题理解不足，结果带来了麻烦。从小学的低年级到大学的研究生院，学生们学习了各种定义，在大多数情况下，没有人告诉他们这些定义是谁做出的，是为了什么目的，相同的概念可能会有哪些其他定义。其结果是，学生们开始相信，定义**不是**做出来的，它们甚至不是人类的创造；事实上——我该怎么说呢？——它们成了自然界的一部分，就像云朵、树木和星星一样。

在数十门科目的上千次考试中，学生要对数以百计的事物、词语、概念和程序进行定义。我很怀疑，教室里的学生有几个曾经讨论过什么是定义这个问题。怎么会这样呢？

让我们来看看“问题”这个同样奇怪的例子。我想，大概不会有人反对我的说法：所有给学生的答案都是问题的最终产物。

我们知道的一切都源于问题。我们可以说，问题是人类可用的主要智力工具。那么，为什么在一百个学生中也找不到一个人曾经接触过对提问的艺术和科学进行的广泛系统研究呢？为什么艾伦·布卢姆[1]没有提到这一点，为什么 E. D. 赫希或其他许多著书讨论如何改善学校教育的人没有提到这一点？难道他们真的没有注意到，**人类可用的主要智力工具竟然没有在学校里得到检验**？

我们在此已经接近荒谬的边界了，但如果我们想到大多数学校是如何对待隐喻这个话题的，我们就越过边界真正进入了荒谬。事实上，隐喻确实会在学校里被提及，通常英语老师会介绍诗人如何运用隐喻。其结果是，大多数学生相信隐喻具有装饰性功能，而且只有装饰性功能。它给诗歌带来色彩和质感，就像珠宝给衣服带来色彩和质感一样。诗人想让我们看到、闻到、听到或感受

---

1 艾伦·布卢姆（Allan Bloom，1930—1992），美国哲学家、文化批评家和教育家，著有《美国精神的封闭》（*The Closing of the American Mind*）等书。——译者注

到一些具体的东西，因此诉诸隐喻。我记得在大学时关于罗伯特·彭斯（Robert Burns）诗句的一次讨论："呵，我的爱人像朵红红的玫瑰 / 六月里迎风初开；/ 呵，我的爱人像支甜甜的曲子 / 奏得合拍又和谐。"[1]

试卷上的第一个问题是："彭斯用的是隐喻还是明喻？请给出这两个术语的定义。为什么彭斯选择使用隐喻而不是明喻，或者使用明喻而不是隐喻？"

我当时对这些问题并不排斥，除了最后一个问题，我当时写了一个有点挑衅但很诚实的答案：我怎么知道？到今天我的答案还是一样。但今天，关于这个问题我还有一些其他话要说。没错，诗人用隐喻来帮助我们观察和感受，但生物学家、物理学家、历史学家、语言学家以及其他试图对这个世界做些解释的人莫不如此。隐喻不是装饰品，它是感知器官。通过隐喻，我们把世界看成某种东西。光是波还是粒子？分子像台球还是力场？历史发展是遵从某些自然指令还是神的计划？我们的基因是否像信息代码？文学作品是像建筑师的蓝图还是待解的谜？

像这样的问题困扰着每个领域的学者。如果学生不了解作为一门学科基础的隐喻就无法理解这门学科关涉的是什么，我这样说是夸大其词吗？我认为不是。事实上，我

1　此处使用了王佐良先生的译文。——译者注

一直感到惊讶的是，那些以教育为主题的写作者没有充分注意到隐喻在生动表现教育这个主题时所起的作用。因为没有注意到这一点，他们就剥夺了那些研究教育的人去审视其基本假设的机会。例如，人类的思想是否像黑暗的洞穴（需要照明）？像肌肉（需要锻炼）？像容器（需要填满）？像黏土（需要塑形）？像花园（需要耕种）？或者，正如今天很多人所说的，它就像一台处理数据的电脑？那么学生是什么呢？他们是需要照顾的病人？是要严加训练的士兵？还是要悉心养育的儿女？是要接受培训的人员？还是等待开发的资源？

曾经有那么一个时期，那些以教育为主题的写作者，如柏拉图、夸美纽斯[1]、洛克和卢梭会把他们的隐喻明确化，通过这样的做法，他们揭示了他们的隐喻如何控制他们的思维。[2]卢梭在《爱弥儿》中写道："植物通过栽培来改良，而人是通过教育来完善。"他的整个哲学都建立在这种对植物和儿童的类比之上。甚至在《密西拿》[3]这样

1　夸美纽斯（John Amos Comenius，1592—1670），捷克教育家，西方近代教育理论的奠基者，被誉为"教育学之父"。——译者注

2　参见 Eva Berger，"Metaphor, Mind & Machine: An Assessment of the Sources of Metaphors of Mind in the Works of Selected Education Theorists"，博士论文，New York University，1991。

3　《密西拿》(Mishnah)，除《希伯来圣经》之外最重要的犹太经典，大约成书于公元 3 世纪初，内容包括犹太人日常生活和宗教生活的几乎全部准则和伦理规范。——译者注

的古代文献中，我们也发现有四种学生类型：海绵、漏斗、滤网和筛子。哪一种是最好的？结论会让你非常惊讶。我们被告知，海绵可以吸收所有的东西；漏斗一端接收，另一端漏出；滤网让酒流过，留下酒渣。但是，筛子是最好的，因为它可以筛掉粗面粉，留下细面粉。卢梭和《密西拿》编纂者在教育理念上的差异，恰恰体现在野生植物和筛子之间的差异。

定义、问题、隐喻——这是人类语言构建世界观的三个最有力的元素。我之所以强烈建议在学校教育中把这些元素的研究放在首要位置，是因为我想表明，通过语言来创造世界的过程是一个关于力量、持久性和激励的叙事。这是一个关于我们如何让自己了解这个世界，以及如何让这个世界了解我们的故事。它不同于其他叙事，因为它虽然讲述的是名词和动词、语法和推论、隐喻和定义，但它其实是一个关于创造的故事。我们甚至可以说，它是一个在所有其他叙事中都发挥作用的故事。因为无论我们相信什么或不相信什么，这在很大程度上都取决于我们的语言如何描述这个世界。这里有一个小例子。

我们假设你刚刚接受了医生的检查。在宣布诊断结果时，他有些责备地说："好吧，你的这个关节炎做得非常好。"毫无疑问，你会认为这是一个奇怪的诊断，或者更有可能的是，你会认为这是一个奇怪的医生。人们并不

“做”关节炎，他们会“有”关节炎或“得”关节炎。这个医生暗示，是你自己造成了这种疾病，特别是由于关节炎你可以不用承担某些义务，同时还会引起其他人的同情，他这种暗示带有一点侮辱性。同时，得关节炎也是件痛苦的事。因此，说你自己有意让自己受关节炎之苦，会让人觉得你是个自私自利的受虐狂。

现在，让我们假设一个法官即将对一个被证明抢劫了三家银行的人进行判决。法官建议他去医院接受治疗，并以一种无可奈何的口吻说：“毫无疑问你得了糟糕的犯罪行为。”从表面上看，这又是一句奇怪的话。人们并不是“得了”犯罪行为，他们“实施了”犯罪行为。我们通常对他们的所作所为感到愤怒，而不是感到伤心，至少这就是我们思考这个问题时的习惯性态度。

我想说的是，像“是”或“做”这样简单的动词，实际上是强有力的隐喻，表达了我们对事物存在方式的一些最基本的概念。我们相信人们“有”某些东西，人们“做”某些事情，甚至人们“是”某些东西。这些看法不一定反映实在的结构，它们只是反映一种谈论实在的习惯性方式。塞缪尔·巴特勒在他的《埃瑞璜》[1]一书中描绘的

1 英国作家塞缪尔·巴特勒（Samuel Butler，1835—1902）于 1872 年出版的乌托邦讽刺小说，原书名 *Erewhon* 是 nowhere（无人知道的地方、乌有乡）的反写。——译者注

社会就是按照上文中奇怪医生和奇怪法官的隐喻生活的。在那里，疾病是“做”出来的，因此要在道德上负责任；犯罪行为是你“得”的，因此超出了你的控制。每个法律体系和每条道德准则都是基于一系列假设，即人们是什么、有什么或做什么。而且，也许我还可以补充一句，任何法律或道德发生重大变化之前，都会先对这些隐喻的使用方式进行改造。

顺便说一句，我并不是在推荐埃瑞璜人的文化。我是想强调这样一个事实：我们的语言习惯决定我们如何想象这个世界。如果我们没有意识到我们的说话方式会如何影响我们脑子里的想法，我们就不能完全控制自己的处境。毋庸置疑，教育的目的之一就是让我们更好地控制自己的处境。

学校并不总是能起作用。例如，我们发现，学校里考试的目的是确定一个人在多大程度上**是**聪明的，或者更准确地说，一个人**有**多少聪明才智。如果在智商测试中，一个孩子得了 138 分，另一个得了 106 分，那么前者就被认为比后者**有**更多聪明才智。但在我看来，这似乎是一个奇怪的概念，就像“做”关节炎或“得了”犯罪行为一样奇怪。我不知道谁**有**聪明才智。我认识的人有时会**做**聪明的事（据我判断），有时会**做**愚蠢的事——这取决于他们所处的环境，取决于他们对某一情况的了解程度以及感兴趣的程度。所以，在我看来，聪明是在特定环境下的一种特定表现，它不是你所**是**或所**有**的可衡量之物。事实上，这种认为聪明为你所**有**的假设，已经导致一些无意义的术语出现,如“成绩超常者”(overachiever)和“成绩不足者”(underachiever)。根据我的理解，前者是指那些并没**有**多少聪明才智却做了很多聪明事的人，而后者是指那些**有**很多聪明才智却做了很多蠢事的人。

语言如何创造世界观这个主题通常不在年轻人所受学校教育的范围内。这有几个原因,其中最主要的原因是，在教师接受的教育中，这个话题通常不会被提及，即使提到了，也是以一种漫不经心、零零散散的方式介绍的。另一个原因是，人们普遍认为这个问题太过复杂，学校里的孩子无法理解，因此，不幸的结果是，语言教育大多局限于对语法、标点符号和用法规则的研究。第三个原因是，对语言作为“世界创造者”的研究，不可避免地具有跨学科的性质，因此，教师们并不清楚哪门学科应该承担这个任务。

对于第一个原因，我不是很清楚为什么未来的教师被剥夺了这方面的知识。(事实上，我**略有**所知，但其中有些理由傲慢自大，所有的理由都不怎么友善。)但是如果我可以决定，我会把对这一问题的研究作为教师职业教育的核心任务，而且要一直作为核心任务，直到他们完成自己的使命——直到他们退休。这就要求他们熟读（古代人中的）亚里士多德和柏拉图的著作，（近代的“古代人”中的）洛克和康德的著作，以及（现代人中的）I. A. 瑞恰兹、本杰明·李·沃尔夫[1]，特别是阿尔弗雷德·柯日布斯基[2]的著作。

在这里写几段话来介绍柯日布斯基非常必要，因为他的著作提供了最系统的方法来介绍、深化和持续推进语言如何创造世界这个主题。另一个原因是大学里的学者们不知道柯日布斯基写过什么作品，即便知道也无法理解（顺便说一下，这并不意味着五年级的学生无法理解）。如果他们真的理解了，他们就会讨厌它。其结果是，一个极其有价值的探索语言和实在之间关系的方法就这么白白浪费了。

柯日布斯基于1879年出生在波兰，他自称有皇室血统，称自己为阿尔弗雷德·柯日布斯基伯爵——这也是学术界对他敬而远之的另一个原因。他接受过数学和工程方面的教育，并在第一次世界大战中当过炮兵军官。

---

1 本杰明·李·沃尔夫（Benjamin Lee Whorf, 1897—1941），美国语言学家。与导师爱德华·萨丕尔共同提出了“萨丕尔-沃尔夫假说”，即不同文化、不同语言所具有的结构、意义和使用方法等方面的差异，在很大程度上影响了使用者的思维。——译者注

2 阿尔弗雷德·柯日布斯基（Alfred Korzybski，1879—1950），波兰裔美国哲学家，提出了系统的普通语义学理论。——译者注

他目睹的屠杀和恐怖让他对一个异常重要的问题感到百思不得其解。他想弄明白，为什么科学家在发现自然界的奥秘时能取得如此瞩目的成功，而与此同时，为什么科学界以外的群体在解决心理、社会和政治问题时却经历了惨败？科学家们几乎每天都在宣布新理论、新发现和获得知识的新路径，以示胜利。我们其他人则通过跟自己还有跟别人争斗来宣布我们的失败。柯日布斯基于1921年在他的《人类的成年期：人类工程的科学和艺术》（*Manhood of Humanity: The Science and Art of Human Engineering*）一书中开始公布他对这一谜团的解答，随后他于1926年出版了《时间绑定：通用理论》（*Time-Binding: The General Theory*）[1]，最后又于1933年出版了他的代表作《科学与精神健全》（*Science and Sanity*）。

在阐述他的解答时，柯日布斯基始终关心的是，他的想法应该付诸实践。他认为自己是一个教育家，可以为人类提供一种理论和方法，让人类从会导致痛苦和灾难的无知中解脱出来，他认为这种无知产生的后果在历史上所有人类堕落的形式中都可以看到。这一点也是他

1 “时间绑定”是指人类作为物种具备的一种能力，将先前的知识和经验传递给下一代，并加以积累和发展。柯日布斯基认为，这种时间绑定的能力是人类与其他动物的本质区别，使得人类能够不断进化和发展。——译者注

被许多学者诟病的原因，他们指责他不切实际、狂妄自大。也许，如果柯日布斯基的想法**不那么宏大**，他的名字会更频繁地出现在大学图书馆的目录中。

柯日布斯基通过确定人类与其他形式的生命之间的重要功能差异开始探索人类成败的根源。用他的话来说，我们是“时间绑定者”，而植物是“化学绑定者”，动物是“空间绑定者”。“化学绑定”是指将太阳光转化为有机化学能的能力，“空间绑定”是指移动和控制物理环境的能力。人类也有这两种能力，但他们通过时间传送经验的能力是独一无二的。作为时间绑定者，我们可以积累过去的知识，将我们掌握的知识传递到未来。科幻作家在寻找有趣的时间运输机器时根本不需要费尽心思去发明：**我们**就是宇宙的时间机器。

我们完成时间绑定的主要手段是符号，但我们的符号化能力取决于另一个过程，并与之融为一体，那就是柯日布斯基所说的“抽象”。抽象是对现实中的细节进行选择、省略和组织的持续活动，从而使我们体验到世界的模式性和连贯性。柯日布斯基赞同赫拉克利特的假设，认为世界处于持续的变化中，没有任何两个事件是相同的。我们只有通过忽略差异、关注相似来重新创造世界，才能赋予这个世界稳定性。尽管我们知道我们不可能两次踏入“相同”的河流，但抽象使我们能够表现得仿佛可以做到。我们在神经层面、生理层面、感知层面和语言层面进行抽象。我们与世界互动的所有系统都参与了从世界中选择数据、组织数据和概括数据。简而言之，抽象是对世界面貌的一种总结，是对世界结构的概括。

柯日布斯基也许会用以下方式来解释这个过程：假设我们面对的是我们称之为“杯子”的现象，首先我们必须明白，杯子不是一个事物，而是一个事件。现代物理学告诉我们，杯子是由数十亿个电子组成的，它们处在不断运动变化的状态中。尽管这些活动对我们来说都是不可感知的，但承认这些活动的存在至关重要，因为只有这样，我们才可能明白这样一个道理：**世界并不是我们看到的样子**。我们看到的是电子活动的一个概述，如果你愿意的话，也可以称之为电子活动的抽象。但即使是我们**能**看到的，也不是我们**确实**看到的。从未有人同时在时间和空间两个维度上看到过一个杯子的全部，我们只看到整体的部分，但通常我们看到的已经足够让我们重构整体，并表现得仿佛胸有成竹。这样的重构有时也会失败，比如我们举起杯子喝咖啡时发现，咖啡滴到了腿上，而没有进入口中。但大多数时候，我们对杯子的假设是有效的，我们通过命名的做法将这些假设以有用的方式延续下去。因此，在我们对世界的评价中，语言给予了我们不可估量的帮助，语言为我们面临的事件提供了名称，并通过我们对它们的命名告诉我们，我们可以期待什么，如何为行动做好准备。

当然，对事物的命名是一个极高层次的抽象，并且至关重要。通过命名一个事件并将其归类为“事物”，我们创造了一幅生动的、在一定程度上具有永久性的世界地图。但这确实是一张奇怪的地图。例如，“杯子”这个词**事实上并不表示世界上实际存在的任何东西**。它是一个概念，是对具有类似外观和功能的数百万个体物件的概述。“餐具”这个词的抽象程度更高，因为它不仅包括我们通常称为杯子的所有东西，还包括数百万看起来不像杯子但功能有点相似的东西。

我们通过语言描绘世界的关键点是，我们使用的符号，无论是“爱国主义”和“爱”，还是“杯子”和“勺子”，总是与现实世界本身相去甚远。虽然这些符号成为我们自己的一部分——柯日布斯基认为它们已被嵌入我们的神经系统和感知系统中，但我们决不能想当然地认为它们能准确地表达世界，正如柯日布斯基曾经说过的：“无论我们如何用语言描述一个事物**是**什么，它本质上并不是那样。”

因此，我们可以得出的结论是，人类生活在两个世界中：一个是由事件和物构成的世界，另一个是用来描述事件和物的**语词**的世界。在考虑这两个世界之间的关系时，我们必须记住，语言所做的远不止构建这个世界上的事件和事物的概念，它还告诉我们应该构建哪些概念，因为并不是这世上发生的一切都有名称。语言之间的差异不仅在于它们对事物的命名不同，而且在于它们选择命名的事物也不同。正如爱德华·萨丕尔观察到的那样，每一种语言对现实的构建都不同于其他语言。

这就是柯日布斯基所说的普通语义学的任务：研究语言世界和“非语言”世界之间的关系，研究我们称之为实在的领域，并且研究如何通过抽象和符号化来描绘这个领域。在关注这个过程时，柯日布斯基认为他已经发现了为什么科学家在解决问题方面比我们其他人更有效。科学家们往往会更清楚地意识到抽象的过程，更清楚地意识到他们的语言地图中出现的失真之处，能够更灵活地改变他们的符号地图来适应这个世界。柯日布斯基的主要教育目标是培养这样一种思想：通过使我们平常使用的语言更接近科学家使用的语言，我们可以避免误解、迷信、偏见和纯粹的胡说八道。他的一些追随者，例如S. I. 早川、欧文·李（Irving Lee）和温德尔·约翰逊写了一些简单易读的教材供学校使用，但这些教材现在已不再流行。我自己也写过这样一些教材，主要是想了解这些观点是否适合年轻学生，结果发现它们非常适合。（我欣喜地记得，我们在弗吉尼亚州阿灵顿的福特·迈尔小学使用这些教材时非常顺利。）但是，当然并非所有的想法都是有用的，也并非所有的想法都是好的。像运用任何其他系统一样，我们在运用普通语义学时一定要有相当程度的选择性。假设教师对这一话题有所了解，他们会发现哪些内容有用，哪些内容没用。总而言之，认为有关语言的深刻思想（不管是来自普通语义学还是其他任何地方）只有到了研究生阶段才能学习，这种想法是错误的。

当然，关于语言的深刻思想可以来自很多“其他地方”。I. A. 瑞恰慈的著作（总体上），其中特别是他关于定义及隐喻的论述，对语言作为世界创造者的作用做了精彩介绍。关于定义（摘自他的《教学中的解释》），他写道：

> 提及定义会导致某种奇怪的尴尬僵局，讨论定义更是如此，关于这个现象，我在好几个地方都说过。我认为，可以通过强调定义的目的性来防止这种情况的发生。我们想做一些事情，而定义是做这些事的手段。如果我们想要某些结果，我们就必须使用某些意义（或某些定义）。但是，如果一个定义没有目的，或者不能阻止我们达到其他目的，那么这个定义就没有任何权威性。可是这种情况却不断发生。有谁会想到，我们经常无法表达非常有用的想法，仅仅是因为可能表达这些想法的词语暂时被

其他意义抢占了？或者说，事情无法取得进展，仅仅是因为我们死守着以前的定义，而这个定义根本不适合新的目的？[1]

瑞恰慈在这里谈论的是如何让我们的思想摆脱定义的专制，对于学生在一个学科中必须讨论的重要概念，我认为最好的办法莫过于为他们提供可供选择的定义。无论这些概念是分子、事实、法律、艺术、财富、基因，还是其他什么，都必须让学生明白，定义是为了达到某些目的而设计的工具，面对定义时应该提出的基本问题不是“这是真正的定义吗？”或者“这是正确的定义吗？”，而是“这个定义要达到什么目的？”。也就是说，是谁下的定义，为什么要下这个定义？

我思考过一项奇怪的联邦法律中涉及的定义问题，觉得实在太好玩了，我的学生也这么认为。我指的是在登机前接受搜身或其他形式的检查时你不能说某些话。当然，你不能提供关于自己的虚假信息或误导性信息，但除此之外，你也被明令禁止对任何正在使用的安检程序开玩笑。这是我知道的唯一一种开玩笑被法律禁止的情况（尽管在许多情况下，开玩笑是被习俗禁止的）。

---

1 I. A. Richards, *Interpretation in Teaching*, Harcourt Brace，第 384 页。

我不太明白为什么在被搜查时开玩笑是非法的，但这只是围绕这一法律的若干谜团之一。例如，法律是否区分好笑话和坏笑话？（好笑话判六个月,坏笑话判两年？）我不知道。但更重要的是，人们如何知道听到的是不是笑话？笑话有法律定义吗？假设在被搜身时，我提到我的中间名是弥尔顿（这是事实），我来自弗拉兴（这也是事实）[1]。根据经验，我可以告诉你，那些不是特别聪明的人有时会觉得这些名字非常好笑，而且也不能排除他们中的一些人是机场工作人员。如果是这样的话，我算不算违法了呢？我说了一些话让别人笑了，因此，我就是讲了一个笑话吗？或者从另一个角度来看：假设在被搜身时，我说起自己在芝加哥登机时遇到的一件趣事，最后我说："那个飞行员说道：'那不是空姐，那是我老婆。'"我自己也不是一个特别聪明的人，我觉得这件事太好笑了,但警卫不这么认为。如果他不笑,我算不算讲了笑话？笑话可以是一个**不会**让人发笑的故事吗？

如果是哪个有权威的人说可以，那当然就可以。因为问题在于，在所有情况下，包括这种情况在内，都有某个人（或某个团体）拥有最终确定定义的权力。事实上，拥有权力就意味着能够确定定义并使它被人接受。在机场

1　弥尔顿让人想到著名诗人约翰·弥尔顿，而弗拉兴（Flushing）会让人想到冲马桶（flushing）。——译者注

的警卫和我之间，他是那个有权力定义什么是笑话的人，而不是我。如果他的定义使我处于危险之中，我当然可以在审判中为自己辩护，在审判中，法官或陪审团将有决定性权力确定我的话算不算笑话。但同样值得注意的是，即使我是在派对上讲笑话，我还是不能摆脱定义的权威，因为在派对上，大家的意见会决定我的笑话是否好笑，甚至算不算笑话。如果大家的意见对我不利，我受到的惩罚就是我以后不会受邀参加很多派对。简而言之，我们无法逃脱定义的管辖。社会秩序需要有权威性的定义，哪怕费尽心思去寻找，你也不会找到有哪个体制背后没有官方定义和支撑它们的权威信息来源。因此，关于定义我们必须多问一个问题：使定义生效的权力来自何方？我们还可以进一步提出一个问题：如果那些有权力使定义生效的人发疯了会怎么样？这里有一个几年前发生在布拉格政府的例子，不是我编造出来的，我只复述而不做进一步评论：

> 因为平安夜那天是星期四，为了需要，这一天被指定为星期六，工厂将全天关闭，商店只开半天。12 月 25 日星期五被指定为星期日，工厂和商店全天营业。12 月 28 日星期一为了需要被改成星期三。12 月 30 日星期三，变成了工作日星期五。1 月 2 日星

期六变成了星期日，1 月 3 日星期日变成了星期一。

至于隐喻，我想把 I. A. 瑞恰慈在他组织的一次研讨会上布置的小任务介绍给大家，当时我也在场。（这只是引入这个主题的上百种方法之一。）瑞恰慈将全班分成三组，要求每组写一个描述语言的段落。不过，瑞恰慈为每组提供了段落的第一句话。第一组必须以“语言就像一棵树”开头，第二组以“语言就像一条河”开头，第三组以“语言就像一座楼”开头。我肯定，你们可以想象到结果会如何。这些段落截然不同，一组写的是树根、树枝以及有机生长，另一组写的是支流、小溪甚至洪水，还有一组写的是地基、房间和坚固的结构。在随后的讨论中，我们没有人问：哪种描述是“正确的”？我们的讨论集中在隐喻如何控制我们说什么，以及我们所说的在多大程度上会控制我们所见的。

我前面说过，研究语言和实在之间关系的方法有数百种，关于如何进入这个领域的研究，我可以洋洋洒洒地写上很多想法，但这里我只再提供三条建议。第一条建议是，海伦·凯勒的《我的一生》（*The Story of My Life*）是我知道的最能引起人们对这个问题兴趣的书。这无疑是我们能读到的最好的叙述：从一个人的内心世界来描述符号和抽象过程如何创造一个世界。

第二，我要建议，在每门学科中——从历史到生物再到数学，都要明确、系统地教给学生构成该学科的学科语言。每位教师都要讨论问题的结构、下定义的过程和隐喻的作用,因为这些话题与学生的特定学科有关。当然，我这里指的不仅仅是学科中的问题、定义和隐喻是什么，而且还包括它们在现在和过去是**如何**形成的。

特别重要的一点是，我们要了解问题的形式如何随着时间的推移而演变，这些形式又是如何因学科而异。我们的想法是让学生了解以下几点：提出问题时使用的术语决定了答案使用的术语；如果没有可以获得可靠答案的程序，就不可能获得可靠的答案；一个问题的价值不仅取决于它能产生多少具体丰富的答案，而且还取决于它能引发多少高质量的新问题。

一旦开启这个话题，我们就必须关注“正确”“错误”“真理”“谬误”这些术语在某门学科中如何被使用，以及它们基于什么假设？这一点尤为重要，因为这类词汇在学生试图理解一个知识领域时造成的麻烦远远超过高度技术性的词汇。有一点很奇怪,在我见过的所有考试中，从来没有哪一门考试要求学生说出在某一门学科中判断“正确”或“错误”的依据是什么。也许这是因为教师认为这个问题太显而易见了，不值得讨论或测试。如果是这样，那他们就错了。我发现，所有级别的学生都很少联系他们正在学习的学科思考这些术语的意义。他们根本不知道历史事实与生物事实有什么不同，数学领域的“真理”与文学作品中的“真理”有什么不同。同样令人吃惊的是，学生们，尤其是中小学的学生们，很少能用一个让人看得懂的句子来说明“理论”一词的用途。由于学生在学校里学习的大多数科目主要是由理论组成的，这种情况下，真的很难想象他们在学习历史学、生物学、经济学、物理学或其他学科时究竟在学些什么？很明显，语言教育不仅要认真研究真理和谬误在某一门学科中的含义，而且还要研究理论、事实、推论、假设、判断、归纳在该学科中的含义。

此外，我们显然还必须对特定学科的语言风格和语气给予一定的关注。每门学科都是一种讲述和写作的方式。每门学科都有自己表达知识的修辞，一种表达论点、证据、推测、实验、论战甚至幽默的特有方式。人们甚至可以说，讲述或书写一门学科是一种表演艺术，而每门学科都需要一种与其他学科不同的表演。例如，历史学家不会像生物学家那样说话或写作。这些差异与他们处理的材料种类、他们归纳时允许的精确程度、他们整理的事实类型、他们所在学科的传统、他们接受的训练类型以及他们进行探究的目的有关。研究用于表达知识的修辞并不容易，但值得记住的是，有些学者不仅通过内容，也通过形式对他们的学科产生了影响，我们可以想到的例子包括社会学领域的凡勃伦[1]、心理学领域的弗洛伊德、经济学领域的加尔布雷思[2]。我想表达的观点是，知识是一种文学形式，我们应该研究和讨论知识的各种不同风格。

我们在此要做的是讲述语言作为一种创造行为的故事。苏格拉底说“当脑子在思考时，它是在和自己说话”，说的就是这个意思。2500 年后，伟大的德国语言学家马克斯·缪勒[3]也说过同样的话：“……如果没有符号，思想就不可能存在，而我们最重要的符号就是语词。”在他们俩之间的时代，霍布斯、洛克和康德都说过同样的话。还有罗素、海森伯、本杰明·李·沃尔夫、I. A. 瑞恰慈、阿尔弗雷德·柯日布斯基，以及其他所有思考过这个问题的人，包括马歇尔·麦克卢汉，都说过同样的话。

这里提到麦克卢汉，是因为他与“人的延伸”[4]这一短

---

1 索尔斯坦·凡勃伦（Thorstein Veblen，1857—1929），美国经济学家、社会学家。——译者注

2 约翰·肯尼思·加尔布雷思（John Kenneth Galbraith，1908—2006），美国经济学家，新制度学派的主要代表人物。——译者注

3 马克斯·缪勒（Max Müller，1823—1900），语言学家和东方学家，西方印度研究和宗教研究的创始人之一。——译者注

4 麦克卢汉在《理解媒介：论人的延伸》中提出了“媒介即人的延伸”。他认为，媒介是人的感觉能力的延伸或扩展。——译者注

语有关。我的第三个建议也是最后一个建议，是要探究人类如何延伸其“绑定”时间和控制空间的能力。我指的是对所谓“技术教育”的研究。这样的研究在学校里还要作为一项创新提出来，真的有些令人尴尬了，因为美国人总是不厌其烦地告诉自己，他们已经创造了一个技术社会。他们甚至似乎对此津津乐道，而且他们中的许多人相信，要想获得幸福充实的生活就要不断地进行技术变革。人们以为技术教育是美国学校中常见的学科，但事实并非如此。技术可能已经进入学校，但技术教育**没有**。那些怀疑我这个观点的人可以想想以下问题：普通的高中或大学毕业生是否知道字母的来源，是否了解它的发展，是否对它还会产生心理和社会影响有**任何**认知？他们是否知道泥金装饰手抄本[1]是什么东西？是否了解印刷术的起源以及印刷术在重塑西方文化方面的作用？是否了解报纸和杂志的起源？我们的学生是否知道钟表、望远镜、显微镜、X 射线和计算机的来源？他们是否知道这些技术如何改变了西方文化的经济、社会和政治生活？他们知道莫尔斯、达

1 泥金装饰手抄本（illuminated manuscript），通常指中世纪时期的手工书籍，由书法家手写、艺术家装饰，其中包含了精美的设计、插图和用金、银或其他贵重材料装饰的元素。它们通常被用于宗教目的，如《圣经》、祷告书和赞美诗，但也可以包括历史文献或文学等世俗作品。——译者注

盖尔、贝尔、爱迪生、马可尼[1]、德福雷斯特[2]、兹沃雷金[3]、普利策[4]、赫斯特[5]、爱森斯坦和冯·诺伊曼是谁吗？毕竟，我们可以说，正是他们发明了我们的技术社会。要求生活在今天这个技术社会中的人了解他们是谁，了解他们当时想发明的东西，应该不算期望过高吧？

我意识到我开始听起来有点像 E. D. 赫希了，但我确实非常惊讶，人类与技术之间的浪漫史既险象丛生又令人兴奋，而这样的精彩故事竟然没有在我们的学校中讲述。当然，我们并不缺少讨论这个主题的作家。麦克卢汉在这方面虽然做出了重要的贡献，但他并不是第一个讨论"我们如何变成我们制造的东西"这一问题的人，也不一定是最好的讨论者。例如，我们会想到马丁·海德格尔、刘易斯·芒福德、雅克·埃吕尔、保罗·古德曼、沃尔

---

1 古列尔莫·马可尼（Guglielmo Marconi，1874—1937），意大利无线电工程师、企业家，被称作"无线电之父"，1909 年与布劳恩一起获得诺贝尔物理学奖。——译者注

2 李·德福雷斯特（Lee de Forest，1873—1961），美国发明家，真空三极管的发明人。——译者注

3 弗拉基米尔·兹沃雷金（Vladimir Zworykin，1888—1982），俄裔美国物理学家，发明了电视显像管。——译者注

4 约瑟夫·普利策（Joseph Pulitzer，1847—1911），匈牙利裔美国记者、报业家，现代报业的奠基者之一，创办哥伦比亚大学新闻学院，设立普利策奖。——译者注

5 威廉·伦道夫·赫斯特（William Randolph Hearst，1863—1951），美国报业大王、企业家，赫斯特国际集团的创始人。——译者注

特·翁、瓦尔特·本雅明、伊丽莎白·爱森斯坦、阿尔文·托夫勒、西奥多·罗萨克、诺伯特·维纳、雪莉·特克尔、约瑟夫·魏岑鲍姆、西摩·佩珀特和赫伯特·席勒。我们也可以在我之前提到的“科幻”作家中找到关于这个主题的想法——例如，赫胥黎、奥威尔和布拉德伯里。如今，人们似乎在任何地方都能找到关于科技如何重塑世界并将继续重塑世界的书籍、文章、电影和电视节目。这是日常谈话的主要话题，尤其是在学术界。例如，几乎没有一个地方的中小学校长或大学院长不能信手拈来、大讲特讲我们今天如何生活在“信息时代”。那么，为什么我们没有一门科目可以让学生讨论这样的问题：符号形式的信息与其他形式的信息有什么不同？表意文字与字母有什么不同？图像与文字有什么不同？绘画与照片有什么不同？口头语言与书面语言有什么不同？电视与书籍有什么不同？广播与电视有什么不同？信息以多种形式出现，并以不同的速度和不同的数量出现。这些差异重要吗？这些差异是否具有不同的心理和社会影响？有太多太多的问题需要讨论，这是一门非常严肃的科目。

我不知道为什么大多数学校都没有这样的科目，不过我觉得有一点是值得怀疑的，教育者往往把如何使用技术的教学与技术教育混为一谈。没有人会反对学生学习如何使用电视机、摄影机、复印机和计算机。（我确信应该教学生如何使用字母表。）我无意与西摩·佩珀特、比尔·格罗斯[1]或艾伦·凯争论计算机技术的智能使用是否可以提高学生的数学能力或激发他们对其他学科的兴趣。我赞成那些让学生自己制作电视节目的尝试（例如，在新墨西哥州），这样他们就可以对其中的技术问题有深入了解。这些并非不重要，但它们只是我界定的技术教育的一小部分。在我看来，这门科目主要是讨论电视机、摄影机、复印机和计算机如何改变我们的心理习惯、我们的社会关系、我们的政治理念和我们的道德感。它讨论的是信息和教育的意义如何随着新技术的侵入而改变，讨论的是真理、法律和智能的意义在口头文化、书写文化、印刷文化和电子文化中会有什么不同。技术教育不是一门技术学科。它是人文学科的一个分支。技术知识当然有用，但我们不需要掌握电视的物理学知识才能研究电视机的社会和政治影响。我们可能没有汽车，甚至不知道如何驾驶汽车，但这并不妨碍我们观察汽车对美国文化产生的影响。

我还必须说清楚一点，开展技术教育并不意味着对技术抱有消极态度。它确实代表一种批评态度。"反对技术"是没有道理的，就像"反对食物"一样没有道理。缺了它们中的任何一个，我们都无法生活。我们说吃太

1　比尔·格罗斯（Bill Gross），美国基金经理人、金融作家。——译者注

多的食物或吃没有营养的食物很危险，我们并不是要“反对食物”，而是要提出建议，如何最合理地利用食物。技术教育的目的是让学生了解技术能帮助我们做什么，会阻碍我们做什么，它要研究的是技术在过去和现在如何利用我们，有哪些利弊。它要研究的是技术将怎样创造新的世界，是造福人类还是毁灭人类。

但是，让我们假设，如果我们克服了各种障碍，让技术的故事成为学校的核心科目后，我们想让学生知道什么呢？首先，我希望他们能够回答我前面提到的所有问题。除此之外，我还想让他们了解以下十条原则。

1. 所有的技术变革都是一种浮士德式的交易。一项新技术只要有一个优点，就会有相应的缺点。

2. 新技术的优点和缺点从来不会在人群中平均分配。这意味着，每一项新技术都会给一些人带来好处，给另一些人带来伤害。

3. 每一项技术中都蕴含着一个有影响力的观念，有时是两个或三个有影响力的观念。就像语言一样，某一项技术会使我们倾向于支持和重视某些观点和成就，而轻视其他观点和成就。每一项技术都有一种哲学，这种哲学表现在它如何让人们运用头脑，如何对待身体；表现在它如何对世界进行编码，强化我们的哪些感官，弱化我们的哪些情感和智力倾向。

4. 一项新技术通常会向一项旧技术宣战，争夺时间、注意力、金钱、声望和“世界观”。

5. 技术变革不是数量的增加，而是会带来生态系统的变化。一项新技术不仅仅是增加一些东西，它会改变一切。

6. 由于不同的技术在信息编码时使用不同的符号形式，它们会有不同的**智力**和**情感**偏见。

7. 由于不同技术的信息可获取性和传播速度不同，它们会有不同的**政治**偏见。

8. 由于不同的技术有不同的物理形式，它们会有不同的**感官**偏见。

9. 由于我们关注不同技术时所处的环境不同，它们会有不同的**社会**偏见。

10. 由于不同的技术有不同的技术和经济结构，它们会有不同的**内容**偏见。

在学生们以历史的眼光对所有这些原则进行长期而深入的调查研究后，我将提出下面这项最终的考试，由两部分组成。

第一部分：选择一项20世纪前的技术——例如，字母表、印刷机、电报、工厂，并指出该技术在知识、社会、政治和经济方面的主要优点，并说明为什么；指出该技术在知识、社会、政治和经济方面的主要缺点，并说明为什么。

第二部分：首先，指出你认为计算机技术现在有哪些主要优点，将来会有哪些主要优点，并说明为什么；其次，指出计算机技术现在有哪些主要缺点，将来会有哪些主要缺点，并说明为什么。

我相信，任何能够通过这一考试的学生都会学到一些有价值的知识。他们也会对世界如何被创造出来以及现在如何被重塑有所了解，甚至可能会对世界**应该**如何被重塑有一些想法。

尾 声

我的书名是精心选择的，目的是让它表达一语双关的预言。正如我在本书开头指出的，“教育何用”可能会被人认为表达了一种对未来极其悲观的态度。但是，如果你已经读到这里，你就会知道，这本书本身是拒绝接受这种未来的。我已经尽力去定位、解释和阐述一些叙事，这些叙事可以赋予学校教育非同寻常的目标，会把学习提升到一个精神层面，一个严肃的知识层面。但在本书的最后几页，我必须承认，至于哪一种叙事会奏效，我并不十分有把握。

我要明确一点，如果我不认为这些想法有其优点和实用性，我是不会去麻烦任何人的，更不会写一本书。但是，这些想法是建立在几个假设之上的。例如，书中所写的一切都假定“学校”这个概念本身会持续存在；它还假定，“公立学校”的概念是个好东西；甚至再进一步，它假定“童年”的概念仍然存在。然而，美国文化现在已经开始对这些假设产生了质疑。

关于第一点，越来越多的人认为学校是19世纪的发明，已经失去了它的作用。办学校开销很大，而且还满足不了我们的期望，它们的功能可以由21世纪的技术来实现。任何想就这个观点发表演讲的人都会吸引很多听众,而且他们会听得聚精会神。如果是就第二点发表演讲，感兴趣的听众会更多：没有了“公众”这个概念，“公立学校”这个概念还有什么意义。也就是说，美国人现在彼此之间如此不同，不同观点如此之多，有各种特殊群体对公共事务不满，根本就不可能有共同愿景或统一原则。关于最后一点，在我写作这本书时，我打定主意不去重读甚或提及我早期写的一本书[1],在那本书里我指出童年正在消逝。我继续写这本书，就好像那本书写的不是事实。但我无法阻止自己看到其他令人沮丧的消息，大多是一些不祥之兆。我在《纽约时报》上看到，每天有十三万名儿童把致命武器带到学校里，不仅是在纽约、芝加哥和底特律这些城市，而且是在许多我们认为能为年轻人提供更稳定、更人道的成长环境的地方，这是真的吗？

1　指作者的另一本书《童年的消逝》。——译者注

一些社会学家声称，到21世纪初，我们有近60%的孩子将在单亲家庭中长大，这是真的吗？在过去的二十年间，年轻人的性活动（和性疾病）增加了三倍，这是真的吗？我可能没有必要继续再问“这是真的吗？”。大家都同意一个事实，而且所有的迹象都指向这个事实，那就是，美国文化目前并没有采取行动来发扬“童年”这一概念，如果没有了这个概念，学校教育就失去了重要的意义。

这些都是很现实的担忧，必然会让任何希望谈论教育的人产生深深的疑虑。尽管如此，我还是真诚地献上这本书，虽然我没有大家希望的那样信心满满。我的信念是，学校将持续存在，因为还没有人发明出一种更好的方式引导年轻人走进学习的世界；公立学校将持续存在，因为还没有人发明出更好的方法来创建一个公共体系；童年将继续存在，因为没有童年，我们就无法了解成年的意义。